本书出版受苏州大学政治与公共管理学院"政治学"优势学科经费资助

制造企业研发团队内部知识转移研究

朱晓亚　徐建中　孟晓华　著

苏州大学出版社

图书在版编目(CIP)数据

制造企业研发团队内部知识转移研究/朱晓亚,徐建中,孟晓华著. —苏州:苏州大学出版社,2022.9
ISBN 978-7-5672-4066-7

Ⅰ.①制… Ⅱ.①朱… ②徐… ③孟… Ⅲ.①制造工业-工业企业管理-技术开发-知识管理-研究-中国 Ⅳ.①F426.4

中国版本图书馆 CIP 数据核字(2022)第 166562 号

书　　名:	制造企业研发团队内部知识转移研究
著　　者:	朱晓亚　徐建中　孟晓华
责任编辑:	王　娅
封面设计:	刘　俊
出版发行:	苏州大学出版社(Soochow University Press)
地　　址:	苏州市十梓街1号　邮编:215006
印　　装:	镇江文苑制版印刷有限责任公司
网　　址:	http://www.sudapress.com
邮　　箱:	sdcbs@suda.edu.cn
邮购热线:	0512-67480030
销售热线:	0512-67481020
开　　本:	700 mm×1 000 mm　1/16　印张:10.75　字数:182 千
版　　次:	2022 年 9 月第 1 版
印　　次:	2022 年 9 月第 1 次印刷
书　　号:	ISBN 978-7-5672-4066-7
定　　价:	38.00 元

凡购本社图书发现印装错误,请与本社联系调换。服务热线:0512-67481020

目 录
CONTENTS

第1章 绪 论

1.1 本研究的背景、目的和意义 / 1
    1.1.1 研究背景 / 1
    1.1.2 目的和意义 / 3
1.2 本研究的国内外研究现状 / 4
    1.2.1 国外研究现状 / 4
    1.2.2 国内研究现状 / 8
    1.2.3 国内外研究现状评述 / 13
1.3 本研究的总体框架与内容 / 14
    1.3.1 总体研究框架 / 14
    1.3.2 研究内容 / 15
1.4 本研究使用的研究方法 / 17
    1.4.1 文献研究法 / 17
    1.4.2 调查研究法 / 17
    1.4.3 数值仿真方法 / 17
    1.4.4 社会网络分析法 / 17
    1.4.5 实证统计分析方法 / 17
1.5 本研究的创新之处 / 18

第2章 制造企业研发团队内部知识转移的研究基础及理论框架

2.1 制造企业研发团队内部知识转移的相关概念界定 / 20
    2.1.1 制造企业研发团队的内涵与特征 / 20
    2.1.2 知识转移的内涵与特征 / 24
    2.1.3 制造企业研发团队内部知识转移的内涵与特征 / 26
    2.1.4 制造企业研发团队内部知识转移基本要素 / 30

2.2 制造企业研发团队内部知识转移研究的理论基础 / 31
    2.2.1 团队效能理论 / 31
    2.2.2 知识协同理论 / 33
    2.2.3 博弈论 / 34
    2.2.4 社会网络理论 / 35
    2.2.5 复杂网络理论 / 35
2.3 制造企业研发团队内部知识转移研究的理论框架 / 36
2.4 本章小结 / 37

第 3 章 制造企业研发团队内部知识转移的条件分析

3.1 静态博弈角度的分析 / 38
    3.1.1 静态博弈模型的构建 / 38
    3.1.2 考虑纯策略的情形 / 40
    3.1.3 考虑混合策略的情形 / 40
    3.1.4 考虑组织激励机制的情形 / 42
3.2 重复博弈角度的分析 / 44
    3.2.1 无限次重复博弈分析 / 44
    3.2.2 基于重复博弈的条件分析 / 45
3.3 基于前景理论的演化博弈角度分析 / 46
    3.3.1 演化博弈分析 / 46
    3.3.2 局部稳定性分析 / 48
    3.3.3 基于前景理论的条件分析 / 53
3.4 制造企业研发团队内部知识持续转移的有效条件 / 55
3.5 本章小结 / 56

第 4 章 制造企业研发团队内部知识转移的情景分析

4.1 团队内部社会网络情景的界定及衡量 / 57
    4.1.1 团队内部社会网络情景的界定 / 57
    4.1.2 团队内部社会网络情景的衡量指标 / 58
    4.1.3 知识转移效果的衡量指标 / 60
4.2 制造企业研发团队内部知识转移网络情景的生成 / 61
    4.2.1 制造企业研发团队内部知识转移网络情景的数据获取 / 61

4.2.2 制造企业研发团队内部知识转移网络情景图的绘制 / 62
4.2.3 制造企业研发团队内部知识转移网络情景的结构分析 / 62
4.3 制造企业研发团队内部知识转移网络情景的动态仿真 / 63
4.3.1 制造企业研发团队内部知识转移网络情景仿真的参数设定 / 63
4.3.2 制造企业研发团队内部知识转移网络情景仿真的交互规则 / 63
4.3.3 制造企业研发团队内部知识转移网络情景的仿真结果 / 64
4.4 制造企业研发团队内部网络情景对知识转移效果的影响 / 66
4.5 制造企业研发团队内部知识转移网络情景的分析结果 / 69
4.6 本章小结 / 71

第5章 制造企业研发团队内部知识转移的演化过程分析

5.1 制造企业研发团队内部知识转移的网络情景结构设定 / 72
5.2 制造企业研发团队内部知识转移演化算法 / 74
5.2.1 制造企业研发团队内部知识转移演化的假设前提 / 74
5.2.2 制造企业研发团队内部知识转移演化规则 / 74
5.2.3 制造企业研发团队知识转移演化算法步骤 / 75
5.3 制造企业研发团队内部知识转移演化过程的仿真 / 76
5.3.1 制造企业研发团队内部知识转移演化过程测度 / 76
5.3.2 知识转移系数对知识转移演化过程影响分析 / 80
5.3.3 知识聚合系数对知识转移演化过程影响分析 / 82
5.4 制造企业研发团队内部知识转移演化过程的分析结果 / 84
5.5 本章小结 / 85

第6章 制造企业研发团队内部知识转移效能的影响因素分析

6.1 情景因素对制造企业研发团队内部知识转移效能的影响 / 86
6.1.1 情景因素的变量界定 / 86
6.1.2 团队内部社会网络整体网络特征与知识转移效能 / 87
6.1.3 团队内部社会网络个体网络特征与知识转移效能 / 91
6.2 条件因素与演化过程因素对制造企业研发团队内部知识转移效能的影响 / 94
6.2.1 条件因素与演化过程因素的变量界定 / 94
6.2.2 知识缄默性与知识转移效能 / 94

6.2.3 知识转移主体特征与知识转移效能 / 95
6.3 团队内部社会网络的调节作用 / 97
  6.3.1 知识缄默性、团队社会网络密度与知识转移效能 / 97
  6.3.2 知识缄默性、团队社会网络中心性与知识转移效能 / 98
  6.3.3 知识缄默性、团队社会网络结构洞与知识转移效能 / 98
  6.3.4 知识缄默性、团队社会网络平均距离与知识转移效能 / 99
6.4 制造企业研发团队内部知识转移效能影响因素的概念模型 / 100
6.5 制造企业研发团队内部知识转移效能影响因素的实证分析 / 102
  6.5.1 量表设计 / 102
  6.5.2 实证数据搜集 / 114
  6.5.3 信度与效度检验 / 115
  6.5.4 假设检验与实证结果 / 117
6.6 本章小结 / 124

第7章 提升制造企业研发团队内部知识转移效能的保障措施

7.1 加强团队内部社会网络建设 / 125
  7.1.1 塑造优秀的沟通文化 / 126
  7.1.2 构建多元化的沟通渠道 / 126
  7.1.3 营造信任的氛围 / 127
7.2 提高知识转移意愿与能力 / 127
  7.2.1 创造创新支持氛围 / 128
  7.2.2 强化全面激励制度 / 129
  7.2.3 纠正认知偏差 / 129
  7.2.4 建立学习长效机制 / 130
7.3 重视知识管理 / 131
  7.3.1 加强个人知识管理 / 131
  7.3.2 加强团队知识管理 / 131
  7.3.3 加强企业知识管理 / 132
7.4 本章小结 / 132

结 论 / 133
附 录 / 136
参考文献 / 141

第1章 绪 论

1.1 本研究的背景、目的和意义

1.1.1 研究背景

随着知识经济的不断发展,创新能力已成为企业、产业及国家经济发展的核心竞争力,创新驱动战略成为寻求发展出路的必然选择。国民经济和社会发展"十三五"规划纲要强调,要实现中国经济中高速发展,必须以自主创新为基础培育新型产业。在我国经济发展中,制造业历来是创新最集中、最活跃的领域之一,是为各行业提供技术装备的战略性、主导性产业,具有较高的产业关联度、技术资金密集度及较强的吸纳就业能力,对增强国家竞争力具有重要意义。

就国际制造业发展现状来说,由于全球经济持续低迷,越来越多的发达国家开始意识到实体经济尤其是制造业在创造就业、拉动经济增长等方面的重要作用,纷纷推行相应政策以重振本国制造业。例如,近年来,美国针对"去工业化"带来的实体经济衰退、虚拟经济过度等问题提出并推行了"再工业化"计划,着力发展本国制造业自主创新能力,现已具备实施"智能制造"的系统的生态环境,并已启动一系列项目和计划支持信息物理系统、工业机器人等智能制造的发展。德国作为工业大国和工业强国,自主研发与创新能力强大,具备发展智能制造的独立且完整的生态系统。为应对来自世界未来制造的竞争,德国政府提出了"智能工厂""工业4.0"等创新驱动发展构想,力争成为世界新工业革命的领头羊。另外,与欧美国家不同的是,日本始终将发展制造业作为立国之本,始终重视制造技术的创新与发展,因此能在国际竞争中后来居上。

纵观改革开放以来,我国制造业持续快速发展,建成了门类齐全、独立完整的产业体系。至2010年,制造业产值占比赶超美国,成为制造业第一大国,全球使用的手机70%是中国制造,空调80%是中国制造,电脑91%是中国制造。但中国并不是制造强国。麦肯锡数据显示,中国制造业生产力水平仅是西方发达国家的1/4;2015年,世界品牌实验室数据显示,中国企业在世界品牌500强中仅占6%;迄今为止,中国所掌握的汽车核心零件技术不到20%;近期"中美贸易战"也暴露出我国制造企业发展过程中的自主创新能力较低、技术依赖性强、信息化程度较低等严峻问题。这表明与发达国家尤其是顶级发达国家相比,我国制造业发展水平与自主创新能力尚存在巨大差距。实施制造业创新驱动发展战略已不仅仅是经济转型升级、谋求发展新思路的必然要求,而且成为关系国家安全和国际博弈的重要标准。"中国制造2025"重大计划强调,发展制造业必须以改革创新为根本,持续加大创新驱动发展战略的实施力度。

  制造企业研发团队作为制造业创新中心的重要组织形式,以承担企业或行业战略发展需求和重大科技任务为目的,以推动科学研究、人才培养与知识创新为目标,从事与科技创新相关的创造性工作,是保证制造企业创新活动成功开展的关键。在制造企业研发团队内部,成员间通过知识转移的方式实现资源互补和协同发展,促使团队内部知识不断增值,成员间能否持续稳定地进行知识转移决定了团队知识创新能力的大小。因此,知识转移是研发团队知识创新活动的本质,是制造企业发展进步、变大变强的必要过程。制造企业研发团队内部知识的成功转移能够有效推动企业的科学研究与创新能力,带动行业经济的快速发展乃至全国经济的发展,对国家创新系统的形成和发展具有重大意义。但由于知识的情景依赖性、垄断性、隐匿性等独特属性,科学认识制造企业研发团队内部知识转移的规律并非易事。目前,关于知识转移的系统性研究尚需进一步探索与完善。同时,制造企业研发团队内部知识转移普遍存在知识分享程度低、知识转移效率低、消化吸收能力不足等问题,这些问题制约了知识转移活动进程,影响了团队协同创新水平。因此,制造企业研发团队内部知识转移效能提升问题亟待解决。

  本研究基于团队效能、知识协同、社会网络、复杂网络等理论和思想,在对制造企业研发团队内部知识转移的条件、情景与演化过程进行分析的基础上,构建制造企业研发团队内部知识转移效能影响因素模型,深入探究这些因素对知识转移的影响程度与方式,最终有针对性地提出促进制造企业研发团队知识转移效能提升的保障措施。

1.1.2 目的和意义

1.1.2.1 目的

本研究的目的在于通过从多元视角探究制造企业研发团队内部知识转移的条件、网络嵌入情景、动态演化过程及影响因素来全面科学地认识制造企业研发团队内部知识转移问题及规律,从而为提升制造企业研发团队内部知识转移效能提出对策建议,为制造企业研发团队内部知识转移活动提供实践性指导与理论性参考,为制造企业知识管理相关理论和观点的进一步发展与丰富做出一定贡献。

1.1.2.2 意义

（1）理论意义

国内外关于制造企业研发团队内部知识转移的相关研究进展缓慢,仍处于较为分散的理论探讨层面。尽管大量学者研究了知识转移过程与影响因素,但研究大多仅集中在"二元"层面的知识转移过程及影响因素方面,进一步研究团队内部知识转移稳定性的条件、社会网络嵌入情景及演化过程的文献较少,尚未形成系统的理论体系和分析框架。本研究针对制造企业研发团队知识转移相关研究现状和问题,将知识转移与团队效能理论、知识协同理论、博弈理论、社会网络理论、复杂网络理论相结合,界定了制造企业研发团队内部知识转移的有效条件与社会网络嵌入情景,揭示了制造企业研发团队内部知识转移的演化过程规律,构建了更为系统、全面的制造企业研发团队内部知识转移效能的影响因素联合分析框架,并提出了制造企业研发团队内部知识转移效能提升建议,这在一定程度上丰富了知识转移领域的研究内容,特别是研发团队内部知识转移的研究内容,拓展了知识转移研究视角和研究方法,同时也促进了知识管理理论的进一步发展。

（2）实践意义

微观层面上,本研究有助于制造企业形成对研发团队内部知识转移本质和规律的正确认知,更积极主动地参与知识转移与创新活动;使制造企业正确理解研发团队内部知识转移的条件、情景、演化过程及影响机理,为制造企业积极贯彻知识转移与创新提供有效的管理和运作机制,有效提升制造企业研发团队内部知识转移与创新绩效,提高制造企业的自主创新能力、协同创新能力、科研能力及社会影响。中观层面上,本研究有助于解决制造企业研发团队内部知识转移效率低的难题,促进制造企业研发团队协同创新能力的稳健增长,进而带动行业经济持续发展,有效实现制造企业研发团队与行业经济持续发展的"双赢"目标。宏观层面上,本研究有助于提高制造企业研发团队知识增值效率,促进制造企业知识转移与创新绩效,对实现国家创新驱动发展战略目标具有重要意义。

1.2 本研究的国内外研究现状

1.2.1 国外研究现状

(1)知识转移情景研究

目前,国外关于知识转移情景的研究主要包括"二元"情景和"网络"情景。"二元"情景主要包括地理距离、心理距离和知识距离。Galbraith(1990)研究发现,知识源与知识受体间的地理距离与知识转移效率间具有负相关关系,地理距离越大,知识转移所要耗费的时间、精力与物力越多[37]。Swap等(2001)研究显示,知识源与知识受体间知识距离过大或过小均不利于知识转移绩效的提高,知识距离过小时,知识受体对知识的接受意愿与满意度较低,不能显著促进知识转移活动的进行;知识距离过大时,一方面知识源无法了解知识受体的真正需求,另一方面知识受体无法完全理解吸收所转移知识,从而难以达到预期的知识转移效果[38]。Ramanadhan等(2009)以青年基督教会为研究对象,结果显示,组织内团队间的联系越频繁,团队成员间的心理距离越小,越有利于知识转移效率的提高[39]。Rutten等(2016)研究结果也显示,高信任和低信任情境下,组织成员间知识共享水平差异很大,且基于情感信任情境下,成员间心理距离较小,隐性知识的共享水平能够大大提高[40]。

"网络"情景的研究主要涉及网络关系与网络结构对知识转移的影响,且重点集中于网络关系方面。Uzzi(1997)最早将社会网络理论应用于知识转移领域,提出了强联结与弱联结的概念及企业网络与知识转移的关系[41]。Hansen(1999)、Elfring等(2003)与Tiwana(2008)进一步研究指出,个体间强联结关系有利于知识在组织内部的转移与流通,包括显性知识和隐性知识;而个体间弱联结关系能够促进显性知识的转移,但不利于隐性知识的扩散转移[44][42][45]。Helmsing(2001)研究了网络关系稳定性与知识转移的关系,结果显示,网络关系的稳定性有助于网络成员间信任关系的建立,从而促进知识转移绩效水平的提升[43]。Levin等(2011)更加关注关系的分类,重点关注可以重新点燃的休眠关系,这种关系既可以提供强关系的转移利益,又可以提供弱关系的新颖利益[46]。Greenaway 等(2015)在关于质量与知识转移关系的研究中发现,当参与者认为指令来自群体内部成员而不是群体外部成员时,知识转移效率与产品质量将会提高,而且,当指令来自具有群体内部和外部双重身份的成员时,上述效应将会降低,即群体内部与外部共享的上级身份能够促进有效沟通和知识转移[47]。知识转移情景的网络结构主要强调组织成员之间的社会网络结构。Reagans 等(2003)关于网络结构与知识转移的关系研究显示,网络内聚性与网络范围能够显著影响知识源发送知识的效率,内聚性越强、范围越小,越有利于知识转移效率的提升[48]。Tsai 等(2005)与 Kang 等(2013)的研究结果显示,网络中心性对知识转移效率具有显著影响,且处于网络中心位置的企业在知识获取方面更具有优势[50][51]。Argote 等(2015)关于网络结构与知识转移的关系研究发现,分权式群体的交互记忆系统会因权利流转而被中断,这将损害群体的知识转移绩效;相比之下,集权式群体能够更好地整合新成员的贡献,这能够加强交互记忆系统并提高群体知识转移绩效[52]。

(2)知识转移过程研究

Gilbert 等(1996)认为,知识转移过程包括知识获取、知识交流、知识应用、知识接受及知识同化五个部分。第一步是知识获取,即在知识转移之前组织通过多种途径获取新知识;第二步是知识交流,即组织获取知识后,以书面或口头的形式进行知识扩散;第三步是知识应用,即通过组织学习使知识有效利用;第四步是知识接受,该阶段强调知识被个人接受后继而同化到组织内部;第五步是知识同化,该阶段是知识转移的关键,将获取的知识应用吸收后转化为组织惯例[1]。Szulanski(2000)将组织内知识转移分为四个阶段,包括初始、执行、超越及整合。初始阶段即确定所要转移知识及接受对象并做出知识转移决策;执行阶段即知识源与知识接受者双方确定知识转移方式与渠道并开展知识扩散与交流活动;超越阶段即知识接受者试图应用新知识,并将新知识与自有知识协同发展以进行知识再创造;整合阶段即在知识超越基础上,知识接受者试图消化吸收新知识,并将新知识与自有知识相融合转化成自身知识[2]。Garavelli 等(2002)从认知系统视角出发,将知识转移分为两个阶段——知识编码和知识解码,重点强调知识源编码方式、知识接受者知识解码方式与知识接受者认知系统匹配的重要性,匹配程度越高,知识转移效率越高[3]。Jackson 等(2008)建立了包含个人知识、内化、个人知识创造、外化、客观化、合法化及具体化七个组成部分的知识转移过程模型。具体见图1.1[5]。个人知识——包括解释或理解其行为的知识框架、技术诀窍、日常语言能力等,是经过许多过程形成的:内化——知识接受者对知识的吸收过程;个人知识创造——通过重复性工作将知识发展为有用惯例,或从根本上改变主观现实创造新思想的过程;外化——将知识以其他人可以理解并感知的语言或动作进行表达的过程;客观化——由个人理解发展为群体理解的过程;合法化——知识被授权、验证、标准化的过程;具体化——将知识应用到解释人类现象的过程。Jasimuddin 等(2012)认为,组织内知识转移包括知识转移主体、被转移知识、知识转移的实施机制、知识存储库及知识管理员五个组成部分,如图 1.2 所示[6]。他们认为,知识提供者或者用户可以启动知识转移活动,且知识提供者可以选择将知识转移给组织其他成员,也可以选择将知识存放在知识存储库中;知识接受者可以从组织中任何成员那里寻求所需知识,也可以通过知识存储库检索所需知识。该过程模型强调知识转移参与者之间的动态相互作用,以及隐性知识转移机制与显性知识转移机制的共存,显性知识与隐性知识的转移机制可以通过独立、同时及联合三种模式实施与应用。

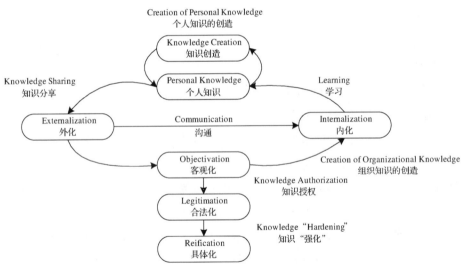

图 1.1 Jackson 的知识共享过程模型

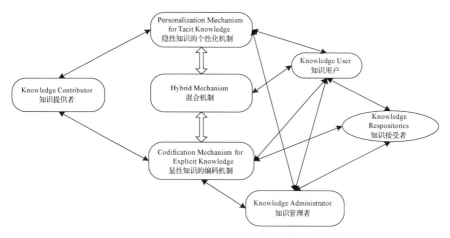

图 1.2　Jasimuddin 等的知识转移过程模型

（3）知识转移影响因素研究

目前,国外研究者对知识转移影响因素的研究主要集中在知识源、转移知识、知识接受者等要素特征方面。

知识源特征方面:Szulanski(1996)研究发现,知识源的知识转移动力对知识转移具有重要作用,若知识源缺乏转移意愿,则将严重阻碍知识转移活动的开展。组织内成员缺乏知识转移动力的原因往往在于:一方面知识源担心知识转移会导致自身失去既有竞争优势;另一方面,知识源因缺乏对其他个体的了解与信任,担心知识转移行为得不到对方的相应回报,且组织对知识转移的激励奖惩力度不足,因此不愿意投入精力与资源进行知识转移[13]。Aladwani(2002)研究显示,知识源的知识表达与沟通能力、对模糊专业技术知识的诠释与呈现能力能够有效促进知识转移效率的提高[14]。Huang 等(2017)以中国研发团队为对象的研究结果也显示,知识提供者的知识转移意愿、知识表达能力、知识转移能力均与知识转移效果具有显著的正向相关关系,知识转移意愿、知识表达能力与知识转移能力越强,知识转移黏性越小,障碍越少,知识转移效率越高[18]。即知识源的知识转移意愿、知识表达能力、知识编码能力均对知识转移具有显著的影响作用。另外,Joshi 等(2007)基于认识论视角的研究发现,知识提供者的信誉与沟通程度对信息系统开发团队内部知识转移效果具有显著影响[17]。

转移知识特征方面:Simonin(1999)研究发现,知识的复杂性会显著提高知识提供者对知识的解说表达难度及知识接受者对知识的理解与接受难度,进而影响知识的可转移性[19]。Cummings 等(2003)通过对包含国内与国际研发合作伙伴的 15 个行业的研究显示,知识在组织惯例、系统及社会网络中的嵌入程度越深,其转移难度越大[20]。Cao等(2012)针对电子商务虚拟团队的隐性知识转移,研究了知识隐含程度、团队任务、工作投入及其对知识转移的影响,结果表明,隐性知识与团队任务、工作投入间不存在显著关系,但团队任务、工作投入对知识转移绩效具有显著正向影响,且二者在隐性知识的转移过程中具有显著中介作用[21]。Huang等(2017)基于对中国研发团队数据的研究提出,在研发团队中,知识的复杂性和隐性贯穿于知识的整个过程,因为大多数知识来自个人的独特体验,包括直觉、灵感、见解、信念、解决问题的创造力、管理技能和团队精神,这导致明确表达和编码的困难;知识居住(knowledge residence)会导致知识黏性;同时,知识居住在知识可表达性和知识黏性之间起着中介作用[18]。Wang等(2017)研究发现,在跨国并购的知识转移过程中,知识的兼容性与知识转移效果间也具有显著关系,且当知识兼容性处于中等水平时,知识转移效果最佳[22]。以上研究结果表明,知识复杂性、嵌入性、隐含性、兼容性均显著影响知识转移效果。

知识接受者特征方面:知识吸收能力是知识接受者利用外部知识的前提,是知识组织及企业利用外部知识不断创新并保持竞争优势的关键。Awang等(2013)和McIver等(2013)研究结果均显示,在组织内部知识转移过程中,对于缺乏知识吸收能力的个体来说,其无法有效利用外部知识与资源,严重影响知识转移效率,即知识吸收能力与知识转移效率间具有显著正向关系[24][25]。Paulsen等(2014)以挪威公共部门项目团队为研究对象发现,个人知识吸收经验有助于组织间知识转移活动的开展[23]。Huang等(2017)基于中国研发团队数据的研究再次验证,接受者的吸收能力与知识黏性显著相关,知识吸收能力越强,研发团队成员间的知识转移阻力越小,知识转移效率越高[18]。另外,Berman等(1989)认为,个体的沟通能力能够有效提高个体活动效率,促使个体间关系的发展,进而促进知识转移效率提高[26]。Håkonsson等(2016)和Levin等(2010)关于情绪与知识转移关系的研究发现,快乐的知识接受者而不是愤怒和沮丧的接受者更可能采用知识提供者的知识;且当知识提供者与接受者处于相同的情感状态时,无论是处于快乐状态还是处于愤怒、沮丧状态,都比不处于情感状态时更有可能进行知识转移[27][28]。

1.2.2 国内研究现状

(1)知识转移情景研究

国内知识转移"二元"情景研究证实了地理距离、文化距离、心理距离、知识距离与知识转移间具有显著关系。翟运开(2007)、吴晓波等(2009)与卢新元等(2012)研究提出,知识转移主体间心理距离、文化差异、地理距离与知识转移绩效显著相关,信任度越高,文化差距越小,地理距离越短,则企业间知识沟通越充分,知识交流成本越低,知识互动越容易,从而使得知识转移绩效越高[93][95][80]。而黄莉等(2015)研究发现,在生态产业集群企业间,一定的知识距离有助于提升企业间知识多元化学习效率,进而提升知识转移绩效[79]。周密等(2015)进一步研究提出,对于显性简单知识而言,行为者之间保持一定的知识距离不会增加知识转移难度,反而会使知识接受者学到更多新知识,从而有助于其完成任务;对于显性复杂知识而言,知识距离与知识转移之间呈负相关,即知识转移双方距离不宜过大;对于隐性简单知识而言,知识距离越大,越有利于知识接受者学习到新知识,从而提高工作效率;对于隐性复杂知识而言,转移双方距离适中时,使得知识接受者能最大限度地学习到新知识,当距离逐渐减小时,知识转移难度会变小,但知识接受者不能充分学习到能够完成组织任务的有效新知识[99]。吴洁等(2014)认为,在知识转移过程中,个体间组织原则兼容性与情景差异性(文化距离)对知识传递、互动及吸收理解均具有极大影响力[89]。尹洁等(2010)研究也指出,组织学习文化差异、成员间心理距离均会显著影响知识转移绩效[96]。李梓涵昕等(2015)从知识接受者的视角,在对社会资本与知识转移关系的研究中发现,知识接受者对知识源的信任一方面促进二者之间相互了解,使得知识源更清楚对方所需知识,另一方面减少了因缺乏信任而求证知识源所耗费的时间,从而提高知识转移效率[98]。另外,刘京等(2018)研究发现,与国外科研人员相比,我国大学科研人员在决定是否参与知识转移时,更容易受到组织氛围与外部环境因素的影响,尤其是在学校科研政策方面[82]。

国内最早于2003年在知识转移研究领域引入社会网络理论,关于知识转移"网络"情景的研究起步较晚。邝宁华等(2004)认为,在知识转移过程中,个体间的强联结关系有助于知识交流互动的及时性、频繁性及深入性,从而有效克服隐性复杂知识转移的障碍与困难[100]。周晓宏等(2008)认为,组织网络的特征(如网络信任、网络角色、网络个体联结强度等)对知识转移效率具有重要影响[103]。徐国军等(2018)研究发现,对于制造企业和高新技术企业来说,联结强度对企业间知识转移效果具有显著正向作用,强联结能够促进双方沟通交流,增加相互信任度,从而有利于知识转移效率提高[88]。马费成等(2006)认为,社会网络是隐性知识转移的关键渠道,网络规模、范围、密度等特征均对知识转移具有重要影响[101]。周密等(2009)研究指出,团队内部社会网络中心性与知识转移间具有显著正相关关系,且网络质量在二者间起到显著作用[104]。张嵩等(2010)、朱亚丽等(2011)与周智勇等(2012)通过实证研究指出,社会网络密度与中心性均能通过提高知识源的转移意愿促进知识转移绩效提升[105][106][107]。李梓涵昕等(2015)从知识接受者的视角,在对社会资本与知识转移关系的研究中发现,知识接受者的社会网络中心性能够强化专业知识感知与知识转移绩效的关系,当知识接受者处在高中心性社会网络中时,其有多个知识源可供选择,那么其对知识源专业知识的感知将成为影响选择决策的关键;若知识接受者无法从知识源获取有效知识感知,那么该知识源可能无法得到知识接受者的认可[98]。徐敏等(2017)研究指出,知识转移网络联结密度与网络平均知识存量存在倒"U"型关系,而网络关系强度与网络平均知识存量呈正相关关系;同时,创新搜索策略对网络平均知识存量以及知识创新的水平均具有显著影响[108]。

(2) 知识转移过程研究

国内关于知识转移的一般过程研究较为丰富。王开明等(2000)认为知识转移过程主要包括知识发送与知识接受两个阶段,见图1.3。在发送阶段,首先是知识提供者与知识接受者就转移对象知识达成共识,然后知识提供者在知识库中对预转移知识进行选择与整理并发送至中介媒体;另外,知识的隐匿性与复杂性导致所发送知识伴有"噪声"。在接受阶段,知识接受者首先要对知识进行选择和过滤,然后对保留的知识进行理解、消化、吸收,最后纳入自己的知识库中[60]。张睿等(2009)将知识转移过程分为开始、实施、调整与整合四个阶段。开始阶段,知识转移双方确认所要转移的知识;实施阶段,双方建立合适的知识转移渠道与方式,开始进行知识转移;调整阶段,知识接受者对所接受知识进行理解与调整,以适应自身的认知系统;整合阶段,知识接受者对知识过滤选择后消化吸收,纳入自身知识库转化为自有知识[61]。杨钢等(2009)根据系统论与控制论构建了团队内部知识转移过程模型,如图1.4所示。知识转移主体包括知识转移者与知识学习者;转移行为包括知识创新与知识遗忘两个环节;反馈1是将知识学习者对转移知识的学习、过滤及吸收情况反馈给知识转移者以决定其是否继续向知识学习者转移知识;反馈2表示知识学习者对新知识的学习及过滤吸收能力直接影响其自身知识水平,学习能力、消化吸收能力越强,自身知识水平越高[62]。杨斌等(2010)提出,虚拟团队知识转移过程包括表达需求、搜寻知识、传递知识、吸收知识及创新知识五个阶段[63]。左美云等(2010)则从项目管理与传播学视角分别提出广义与狭义的知识转移过程,其中,广义知识转移过程包括启动、实施与评价三个阶段;狭义知识转移过程包括准备、传递与接受三个阶段[64]。而高鹏等(2015)针对隐性知识构建了知识转移过程模型,如图1.5所示,知识源发出经过选择的或被自身感知到的知识,输出映射表示该过程受到表达能力的影响,经过传递信道即知识传递工具和途径被知识宿感知,最终根据知识宿的吸收能力从感知到的知识中选择一部分内化为知识宿自身的知识,传递过程完成[66]。

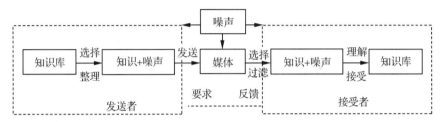

图 1.3　王开明的知识转移过程模型

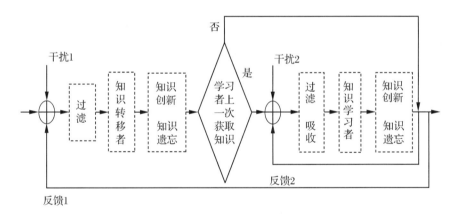

图 1.4　杨钢的团队知识转移过程模型

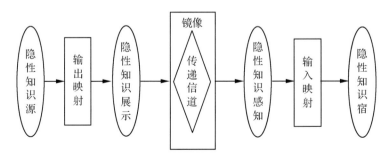

图 1.5　高鹏的知识转移过程模型

(3) 知识转移影响因素研究

知识源特征方面:黄微等(2011)在对竞争企业间知识转移的研究中发现,知识源的知识转移意愿对转移知识的数量与质量具有重要作用,知识转移意愿越强,则知识转移难度越小且效率越高[76]。施陈彬等(2011)研究提出,在知识转移过程中,知识源的知识释放能力越强,知识转移效果越好[77]。徐升华等(2014)在对产业集群知识转移过程的研究中,将知识转移意愿、知识传授能力与知识表达能力同时纳入知识转移影响因素体系中,结果显示,知识源特征——知识转移意愿、知识传授能力与知识表达能力在知识转移过程中均起着重要作用[78]。刘京等(2018)则研究发现,在大学参与的产学知识转移活动中,个体是否参与知识转移这一个人行为决策,从主体特征角度考虑,主要受到性别和科研能力的影响[82]。

知识特征方面:邹艳等(2009)研究发现,在共建实体合作创新组织知识转移过程中,知识默会性、知识嵌入性均与知识转移绩效呈显著负相关,知识默会性与嵌入性越强,越不利于知识转移活动开展[86]。王向楠等(2012)则指出,在知识转移过程中,知识模糊程度越高,知识转移越困难,效果越差[84]。肖小勇(2014)进一步提出,知识默会性、专用性及复杂性均能通过增加知识应用的因果模糊程度来制约知识转移效率的提高[85]。叶舒航等(2015)则将知识默会性、知识嵌入性、知识模糊性与知识转移效果纳入同一研究框架中,结果表明,知识的三个特性均妨碍知识转移效果提升,且知识内隐性对知识转移效果的负向影响最大[83]。陈鑫鑫(2015)通过对异质性团队知识转移的研究提出,团队知识异质性分为知识结构异质性与职业背景异质性,且知识结构异质性与隐性知识转移绩效呈显著负相关,职业背景异质性与隐性知识转移绩效呈显著正相关[87]。另外,徐国军等(2018)的研究发现,对于制造企业和高新技术企业而言,知识转移双方知识库的兼容性能够加强联结强度对企业间知识转移效果的正向促进作用,而知识可编码性对二者关系的调节作用并不显著,即合作双方的强联结特征能够促进它们之间的深度交流和信任,隐性知识转移也能实现很好的效果[88]。

知识接受者特征方面:王挺(2011)实证研究结果显示,知识需求方的知识需求动机、知识吸收能力及知识保持能力均对知识转移绩效具有显著正向作用[90]。黄微等(2011)与吴洁等(2014)进一步验证,企业知识吸收能力在知识转移过程中起着决定性作用,企业对新知识的吸收效率在很大程度上决定了知识转移的效率[76][89]。卢新元等(2012)认为,对于IT外包服务企业来说,沟通贯穿于整个知识转移过程,企业知识沟通能力越强,知识转移绩效水平越高[80]。杨建超等(2012)对江苏省高校科研创新团队内部知识转移的研究结果也显示,知识接受者的吸收能力与沟通解码能力均能显著促进知识转移绩效提升,且知识沟通解码能力与知识转移绩效间的正向关系更显著[81]。叶舒航等(2014)则认为,知识接受意愿与知识吸收能力是影响转型企业知识转移的主要因素[83]。黄莉等(2015)研究发现,在生态产业集群企业间进行知识转移时,知识接受者的知识吸收能力与知识保持能力是影响知识转移效果的主要因素[79]。另外,刘京等(2018)研究发现,在大学参与的产学知识转移活动中,个体是否参与知识转移这一个人行为决策,从主体特征角度来说,主要受到性别和科研能力的影响[82]。

1.2.3 国内外研究现状评述

综上所述,国内外学者在知识转移情景、过程及影响因素方面的研究已取得了一定成果,这为本研究奠定了理论基础。现阶段,随着知识经济的发展,知识已成为市场竞争的战略资源,人们逐渐意识到自身力量的局限性,开始着力加强知识协同力度,通过知识转移提高知识存量,增强科技创新能力。从目前国内外研究中可以看出,知识转移相关研究已成为热点,但研究内容与方法仍存在以下不足。

(1) 缺少对制造企业研发团队这一微观层面组织内部知识转移的深入研究

制造企业研发团队是制造业创新系统的微观组织单元,它能够有效保证协同创新活动的成功开展,促进制造业创新系统自主创新能力的集成与提升。制造企业研发团队内部成员作为知识转移行为主体,他们之间能否进行充分的互动协同、资源能否充分共享和交流会对制造企业创新产生巨大影响。而团队内部知识源和知识受体间的"空间距离"与"文化距离"较近,且人与人间的合作与博弈机理显然区别于组织间的合作与博弈机理,知识转移的特点明显区别于组织间的知识转移。因此,有必要以制造企业研发团队为研究对象,进一步对知识转移进行深入研究。

(2) 缺乏对制造企业研发团队内部知识转移网络嵌入情景的系统揭示

由于知识的非正式属性,其主要以社会网络为载体进行传播与扩散,将社会网络分析方法应用于知识转移问题研究更能反映社会经济环境下组织内知识转移的真实状况,因此,考虑社会网络嵌入情境下的知识转移研究更具有现实指导意义。但社会网络理论与知识转移问题相结合的研究方法起步较晚,现有研究多关注知识转移"二元"情景,且少量关于"网络"情景的研究往往偏重于网络关系对知识转移的影响,而忽视组织所处的社会网络结构对知识转移的影响[232][233]。相关研究尚处于初级阶段,需进一步深入探讨与验证。

(3) 缺乏对制造企业研发团队内部知识转移效能影响因素的全面剖析

国内外关于知识转移影响因素的研究成果较多,这对制造企业研发团队内部知识转移效能影响因素研究具有一定借鉴意义。但现有研究多从某一视角对特定因素进行局部研究,很少有学者将知识转移效能的影响因素整合在同一框架下进行研究,缺乏一个易于理解和被广泛认可的理论框架。

1.3 本研究的总体框架与内容

1.3.1 总体研究框架

本研究按照基础性研究、系统性研究、实践性研究的研究脉络,在对研究基础与理论基础的梳理和吸收基础上,搭建了"条件分析—情景分析—演化过程分析—影响因素分析"的研究框架。首先,通过界定制造企业研发团队内部知识转移相关概念与分析相关基础理论,明确制造企业研发团队内部知识转移研究的理论框架;其次,运用静态博弈、重复博弈及演化博弈思想依次深入揭示制造企业研发团队内部知识转移的有效条件;再次,运用社会网络分析与计量分析工具探究制造企业研发团队内部知识转移所嵌入的"网络"情景特征及其影响机理;然后,根据复杂网络理论,结合演化博弈与数值仿真技术,明确制造企业研发团队内部知识转移的动态演化过程;接着,将制造企业研发团队内部知识转移情景因素、条件与演化过程因素置于同一研究框架下,运用多元回归方法综合研究制造企业研发团队内部知识转移效能的影响机理;最后,基于关于制造企业研发团队内部知识转移问题的全面分析,从情景(团队内部社会网络结构)、条件与过程(知识转移主体特征、客体特征)几个方面提出促进制造企业研发团队内部知识转移效能提升的保障措施。研究框架如图1.6所示。

第 1 章 绪 论

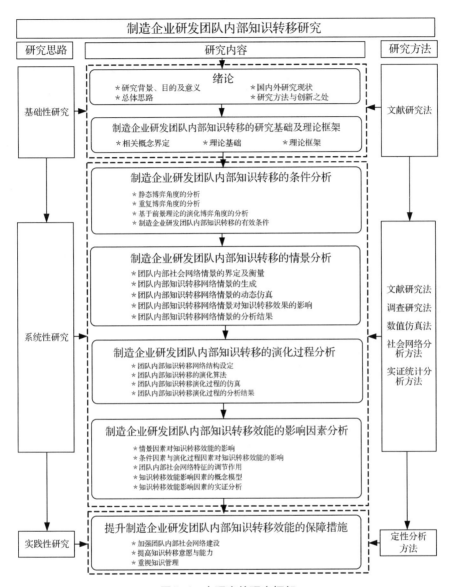

图 1.6 本研究的研究框架

1.3.2 研究内容

本研究的研究内容包括三部分,七个章节。其中第一部分是基础性研究,包括第 1、2 章;第二部分是系统性研究,包括第 3、4、5、6 章;第三部分是实践性研究,即第 7 章。

第 1 章,绪论。首先在梳理制造企业研发团队内部知识转移研究背景基础上确定本研究的目的与研究意义,然后通过归纳并分析制造企业研发团队内部知识转移的国内外相关研究现状提出本研究的思路、研究框架及创新点。

第2章,制造企业研发团队内部知识转移的研究基础及理论框架。首先,根据已有研究基础界定制造企业研发团队知识转移相关概念与基本要素;然后,阐述制造企业研发团队内部知识转移研究的相关理论基础;最后,构建制造企业研发团队内部知识转移研究的理论框架。

第3章,制造企业研发团队内部知识转移的条件分析。本章从制造企业研发团队成员知识转移行为发生的条件视角入手,以知识转移收益函数为切入点,运用静态博弈、重复博弈与演化博弈思想系统研究制造企业研发团队内部知识转移的条件、稳定性和持续性。

第4章,制造企业研发团队内部知识转移的情景分析。采用动态研究范式,首先,基于对制造企业研发团队的深入实地调研,剖析制造企业研发团队内部嵌入网络情景的特征;其次,结合知识协同理论与社会网络理论,在实际网络情景基础上运用多Agent建模思想及计算机仿真技术,模拟制造企业研发团队内部社会网络结构及团队成员间关系演变,探究制造企业研发团队内部知识转移所嵌入网络情景的动态演变过程;最后,运用多元回归分析法初步探析制造企业研发团队内部社会网络情景对知识转移效果的作用机理。

第5章,制造企业研发团队内部知识转移的演化过程分析。在确定了知识转移条件与知识转移情景的基础上,首先,通过对制造企业研发团队内部知识转移过程的复杂特性与结构特征的描述,以无标度网络为载体,建立制造企业研发团队成员间的博弈模型及网络演化规则,然后,利用Matlab软件进行过程仿真研究,系统研究制造企业研发团队内部知识转移演化过程。

第6章,制造企业研发团队内部知识转移效能的影响因素分析。根据前文对制造企业研发团队内部知识转移条件、情景与演化过程分析的初步结论,从全局视角出发,将情景因素、条件因素与过程因素置于同一研究框架下,构建并实证检验制造企业研发团队内部知识转移效能影响因素模型,深入探究各因素对知识转移效能的整体影响机理及因素间的相互关系。

第7章,提升制造企业研发团队内部知识转移效能的保障措施。本章基于上述研究结论,从制造企业研发团队内部知识转移的情境因素(团队内部社会网络特征)、条件因素与过程因素(知识转移主体特征、客体特征)几个方面提出制造企业研发团队内部知识转移进一步发展的保障措施。

1.4 本研究使用的研究方法

1.4.1 文献研究法

首先查阅和搜集国内外关于制造企业、团队、知识转移、知识共享、知识管理等方面的文献,然后对这些文献进行归纳和分析,最后对已存在的相关文献的研究思想与研究内容进行提炼,从而为后文研究制造企业研发团队内部知识转移条件、情景、演化过程及影响因素提供文献支撑和研究基础。

1.4.2 调查研究法

首先根据制造企业研发团队内部知识转移研究需求设计调查问卷,然后采用小规模深度访谈与小样本预测试方法对制造企业研发团队内部成员间网络关系及知识转移效能影响因素进行量化与研究,从而最终为制造企业研发团队内部知识转移问题的实证分析打好数据基础。

1.4.3 数值仿真方法

在实际的制造企业研发团队内部网络情景基础上,运用多 Agent 仿真建模思想,对制造企业研发团队内部知识转移网络情景进行仿真实验,从而全面地认识研发团队内部知识转移网络情景的动态演变过程,并为进一步探究网络情景与知识转移效果间的关系提供基础数据。在结合演化博弈模型与无标度网络的基础上,利用数值仿真方法对制造企业研发团队内部成员知识转移的演化过程进行模拟仿真,讨论分析不同条件设定下制造企业研发团队内部知识转移网络的演化趋势与稳态,从而识别出演化过程分析视角下知识转移的重要影响因素及其影响机理。该方法直观地呈现了制造企业研发团队内部嵌入网络情景的演变及知识转移的演化过程。

1.4.4 社会网络分析法

社会网络理论认为行动者的行为是嵌入在一定社会网络中的,社会网络分析法即研究嵌入在网络中的行动者行为、行动者间的关系特征及网络整体结构。本研究首先通过访谈、问卷调查等方式获取目标制造企业研发团队内部网络中行动者之间的关系数据,然后将关系数据整理成 0－1 矩阵,再运用社会网络分析工具(UCINET)对 0－1 矩阵进行处理与分析,便得到目标制造企业研发团队内部知识转移所嵌入社会网络的可视化图形和网络结构特征,为制造企业研发团队内部知识转移情景分析提供基础数据。

1.4.5 实证统计分析方法

在制造企业研发团队内部知识转移效能影响因素联合模型的测量量表设

计与实证数据搜集基础上,首先运用 α 信度系数法对模型测量量表信度进行检验;然后运用探索性因子分析法对模型测量量表效度进行检验;最后,在信度与效度检验基础上采用多元回归分析、典型相关分析等实证统计分析方法对制造企业研发团队内部知识转移效能的影响因素模型进行验证,从而为进一步得出制造企业研发团队内部知识转移研究结论及提出对策建议打下牢固基础。

1.5 本研究的创新之处

本研究的创新之处主要包括以下几个方面。

首先,明确了制造企业研发团队内部知识转移活动持续稳定开展的有效条件。从团队成员知识转移行为发生的条件视角入手,以知识转移效用函数为切入点,运用静态博弈、重复博弈、演化博弈模型,逐渐放宽条件,系统研究了制造企业研发团队内部知识转移的条件、稳定性和持续性。知识转移行为的发生和持续进行是其他相关研究的前提,对知识转移活动的系统研究首要考虑的便是其能够顺利进行的条件。但现有研究对团队内部知识转移条件问题少有着墨,本研究在一定程度上丰富了知识转移的理论研究。

其次,揭示了制造企业研发团队内部知识转移网络嵌入情景特征及其对知识转移效果的作用机理。以社会网络理论为基础,将知识转移过程中成员间关系特征抽象为由节点和连接组成的社会网络,创新性地结合社会网络分析法、多主体仿真技术与回归分析方法,探讨制造企业研发团队内部知识转移所依托情景载体的网络结构特征。与传统知识转移的研究相比,其更能反映个体间知识转移的真实状况,突破了以往单纯考虑知识转移"二元"情景的局限性,更具有理论指导意义和现实意义。

再次,揭示了制造企业研发团队内部知识转移演化过程规律。引入网络博弈思想,从有限理性角度探讨了收益择优原则下知识转移网络中个体间博弈的演化规则,运用仿真技术模拟了知识转移演化过程,突破了以往对知识转移的静态研究局限。复杂网络理论和演化博弈方法的结合与现有知识转移研究方法相比更符合有限理性的行为假设,在一定程度上拓展了团队层面知识转移的研究内容与视角。

最后,构建了制造企业研发团队内部知识转移效能影响因素模型。以知识转移条件、情景、演化过程研究为基础,将情景因素、条件与演化过程因素置于同一研究框架下,通过理论与实证分析构建并验证了制造企业研发团队内部知识转移效能影响因素联合模型。该模型全面揭示了知识转移主体特征、客体特征、团队社会网络结构特征对知识转移效能的综合影响机理,以及这些因素间的相互关系。与现有研究相比,本研究具有更规范的研究逻辑与更完整的视角,在一定程度上丰富了知识转移的理论研究。

第2章 制造企业研发团队内部知识转移的研究基础及理论框架

本章首先界定了制造企业研发团队内部知识转移的内涵及特征;然后介绍了本研究所涉及的相关理论,包括团队效能理论、知识协同理论、博弈论、社会网络理论与复杂网络理论;最后构建了制造企业研发团队内部知识转移研究的理论框架。本章研究成果为后续的理论研究和实证研究奠定了坚实的基础。

2.1 制造企业研发团队内部知识转移的相关概念界定

2.1.1 制造企业研发团队的内涵与特征

2.1.1.1 团队的内涵与特征

至今,团队的概念仍没有形成统一标准。不同学者从不同角度做出不同的理解。管理学家罗宾斯等定义团队为:与非正式群体不同,团队是为实现某一集体目标使得个体间相互合作而形成的正式群体[120]。而后卡曾巴赫、德鲁克与赫尔雷格尔也相继提出团队的概念,卡曾巴赫强调团队是成员因目标相同而组成的群体[121];德鲁克强调团队是技能互补,能够创造高效能的少数人的集合[122];赫尔雷格尔等则综合前人关于团队的观点,强调团队是由集共同目标、才能互补、相互负责等特征的少数人组成的群体[123]。我国学者王青在《团队管理》中提出,团队是介于组织与个人之间的一种组织形态,团队成员在共同规范下相互影响,相互促进[124];高虹等则在借鉴国外典型团队概念的基础上提出,团队是由基于共同目标、共同责任及行为标准且相互依赖的个体构成的正式群体[125];马恺等强调团队成员间的高配合性特征,个体间能够积极合作一起努力实现共同目标的组织即可称为团队[126];王雪则更强调团队组织形态在企业中的重要性,团队能够通过个体间合理分工与协作,充分发挥个体知识异质性与技能互补性,从而有效解决团队问题,最终达到共同目标,在企业管理过程中扮演着战斗核心的角色[127]。

综合国内外学者关于团队的定义,可以得出以下结论:团队是指在一定背景下,由具备共同目标、异质性知识、互补性技能,共享资源,共担责任且相互影响的若干个体组成的正式群体。真正的团队应具备以下特征:团队成员具备共同奋斗目标;团队成员数量有限;团队成员间具备异质性知识与互补性技能;团队成员间权责分明、相互协作且相互影响等。

2.1.1.2 制造企业的内涵

制造活动是指人类将自然界存在的资源转化为物质产品的生产过程。人类通过主观能动性运用和演绎自身掌握的技能与知识,利用自然界或人类生产出的工具设备,通过特定的工艺和手段,将生产原料经物理变化或化学变化转化为新的产品。制造过程包括原材料的采购、初级产品或最终产品的生产和销售全部过程。无论是通过机械制造还是由手工制成,均可视为制造活动。制造是人类适应自然、改造自然的基本活动,是人类进步和创造财富的核心动力与不竭源泉。

制造业是指按照市场要求,通过对可利用的制造资源进行加工或再加工,将其转化为人们可用的、新的产品的工业的总称。制造企业是人类开展制造活动和进行市场交换的主体,是指为了满足市场需求并获得盈利,从事制造生产经营活动或提供工业性劳务的经济组织,是自主经营、自负盈亏的独立生产单位。制造企业不仅是一个国家实现现代化的基础,也是一个国家国民经济的重要支柱。制造企业涉及31类行业,主要包括烟草、酒、饮料等食品的制造加工,纺织、服饰、皮革、鞋等制品的制造加工,木材、家具、造纸、印刷和记录媒介、娱乐用品的制造加工,石油、燃料、化学原料和制品、医药、化学纤维、橡胶、塑料的制造加工,非金属、黑色金属、有色金属等冶炼加工,通用设备、专用设备、交通运输设备、电子设备、电器、仪器仪表制造,等等。

由于制造企业具有资本密集、创造财富能力强、涉及行业广泛、原材料和能源消耗大等特征,因此,制造企业发展的好坏对于整个社会经济是否能实现创新驱动发展模式具有重要影响。而我国制造企业发展持续表现出"大而不强"、自主创新能力低、技术依赖性强、信息化程度低等特点。此外,知识转移是研发团队知识创新活动的本质,是制造企业发展进步、变大变强的必要过程。知识转移的成功能够有效推动制造企业的科学研究、人才培养及知识技术创新,带动行业经济的快速发展乃至全国经济的发展,对我国国家创新系统的形成和发

2.1.1.3 制造企业研发团队的内涵

制造企业可以看作是由若干相互关联的不同功能团队(如管理团队、销售团队、生产团队、研发团队等)有机结合的一个完整系统。大型制造企业可能包含多个相同功能的团队,如多个研发团队分别承担不同的研发任务。随着产品系统复杂性与创新性的不断提高,依赖个人很难克服知识资源的有限性,必须依靠团队合作,通过团队内部成员间的相互交流、分享与促进来共同完成研发创新性工作。制造企业研发团队便是针对突飞猛进的创新驱动发展趋势而形成的、由研发主管领导与研发人员共同组成的扁平化组织结构形式,各成员通过相互的知识资源的补充与积极协作来齐心协力完成团队研发任务[128]。另外,研发团队与制造企业内部其他团队及制造企业外部环境均存在紧密联系,作为制造企业系统的子系统,研发团队是其他研发团队、销售团队、管理团队、生产团队的知识技术源,同时,这些团队也是研发团队的知识技术输出组织,与制造企业外部环境和系统也保持着多种多样的关系,即制造企业研发团队是一个以科学研究、人才培养、知识创新为目标,由知识技能互补的各类专业人员(如市场、技术、工艺、采购、销售、服务、维修等领域人员)组成,在企业及各部门支持下通过高效知识交流与深度合作充分释放团队成员的创新要素,产生"1 + 1 > 2"协同效应的互动系统。

基于上面介绍的制造企业研发团队的基本定义,以国内学者刘春艳的研究成果为参照[267],本研究从三个层面分析制造企业研发团队的基本内涵,具体见图2.1。

第一,目标层面。构建研发团队的根本目的是使企业的战略发展计划得到更好的执行,企业的科研任务与研发工作得以更为有效地开展。建设研发团队的核心目标在于实现知识协同创新,即研发团队成员之间在科学研究、教育、产业化等创新活动方面优势互补、深度合作,共同推进科学研究、人才培养和知识创新。制造企业研发团队的组织层面和操作层面都离不开目标层面的具体指导。

第二,操作层面。强调通过汇集来自多个专业领域的高端专家学者而组建一流团队,团队成员间技能互补、互帮互助、共同承担、资源共享,拥有团队合作精神;强调在专业领域的科研问题探讨与课题研究上形成强大的专业人才聚集优势,能够在很多问题的探讨研究上更为深入和专业化,并通过形成专家组意见而让很多问题的决策更为科学,同时以组织形式构建专业化的人才团队,可以在很多专业领域实现资源共享,使团队的工作效率与质量大大提高。

第三,组织层面。项目研究工作的开展需要做好各个方面的资源调配与工作进度协调,主要包括创新人员、平台、环境的协调。若项目人员与资源是分散的,各自之间是缺乏联系的,则会造成组织协调工作难度大、成本高、效率低下。研发是一个复杂系统,不仅需要不同专业领域的创新型人才,还需要来自团队、企业及行业的支持,团队内部应提供多样化的知识合作平台并注重团队社会网络环境建设,这样才能有效保证制造企业研发团队更好地完成创新任务。此外,不同专业领域的知识型人才只有充分利用内部网络环境和平台资源才能更好地从事知识创新活动。

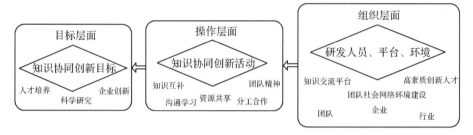

图 2.1 制造企业研发团队内涵层次示意图

由上述三个层面的分析可见,制造企业研发团队内部成员之间需要不断进行知识转移才能更好地实现知识协同创新目标,真正完成科学研究、人才培养、知识创新的功能。在知识转移的过程中,团队内部成员间知识与技能的相互沟通与学习、分工合作、优势互补以及各组织的帮助和支持都是实现知识资源有效转移的关键环节。

2.1.1.4 制造企业研发团队的特征

制造企业研发团队作为知识密集型组织,通常为跨功能型团队,除了具备团队一般特征外,还具备以下特征:第一,创造性。与一般团队的根本区别在于,研发团队是在不确定、多变、开放环境中通过充分发挥自身创新能力、智慧及灵感推进技术创新与产品完善的,而不是简单的重复性工作。第二,交易性。研发团队成员间的合作协作关系是建立在平等合约基础上的,通过相互提供帮助与支持,将团队互补性知识与能力相结合来发挥其最大效益。这里的"交易"不是指一方将能力或知识卖给另一方,而是团队成员间互相提供服务的过程。第三,自主性。由于研发团队的工作内容是开放创新型的,工作过程是不遵循特定步骤流程的、复杂的大脑思维过程,因此不受时间与空间限制,团队成员表现为自我管理与自主决策的工作形式,具有很强的自主性。第四,协作性。在研发团队中,成员借助自身互补性知识资源作为"交易"价值与其他个体建立协作关系,进而通过在协作中相互进行知识、技能、资源的补充与服务,最终激发团队创造力,达到团队创新目标。因此,研发团队成员间关系是以协作形式而非隶属或互斥形式存在的。第五,对话式工作[129]。在工业时代,员工往往机械性地按照上级命令、例行程序在监督下完成重复性工作,工作内容多被肢解为若干细节和子过程,劳动个体对工作内容严重缺乏全局认识及未来发展思考,严重缺乏工作理想与激情。与工业时代员工循规蹈矩的"机器人"工作模式截然不同,研发团队多以对话的方式管理知识工作者。研发团队成员皆具备独立思考、崇尚自由与理性、乐于自我挑战等特质,在开放创新环境下从事复杂技术类和管理类工作,敢于反对权威,不断迎接新挑战,在量身定做的事业规划与人生理想指引下充分发挥自身优势与才能,时刻做好自身知识管理。

2.1.2　知识转移的内涵与特征

2.1.2.1　知识的内涵与特征

由于知识的复杂性、开放性及学者们学科背景、出发点不同,很难对知识给出统一明确的概念。哲学家柏拉图认为知识是合理的、正确的信仰[130]。Alavi、Foucault、Zack、Schubert 与 Davenport 等也相继从信仰观、权力观、过程观、智力观、能力观等不同视角给出对知识概念的界定[131][132][133][134][135]。《辞海》将知识定义为:人们在实践中获取的认识与经验。同时,由于学者们对知识的认识不同,常用的划分维度也不同。根据可编码程度,知识分为显性知识与隐性知识。显性知识即能够用公式、文字、图标等形式化符号表示的知识,如说明书、程序、计划、手册、数据等;隐性知识即难以表达与编码的个性化经验知识,如技能、诀窍、专业知识等[136]。根据依托载体,知识分为个人知识、群体知识与组织知识。个人知识即个人在长期社会实践与学习中获取的自有知识,如个人专利、个人生活常识、个人工作技能诀窍等;群体知识即团队知识,指团队成员对团队任务、团队知识集合及团队现状的共同理解与认知,如团队知识库、团队创新成果等;组织知识是人力资本、智力资本、市场资本等的集合,是通过系统、程序、产品、规则及文化所获取的知识[137]。根据内容,知识分为自然科学知识、社会科学知识与技术知识。自然科学知识即不受社会、历史因素干扰的客观存在知识;社会科学知识与自然科学知识相对,指容易受到社会、人文、历史等因素干扰的主观知识;技术知识是指制造产品和服务的系统化知识,如生产方式、管理制度等[138]。

本书重点研究的是制造业研发团队内部的知识绩效转移问题,这里的知识更多关注在转移过程中被传递和内化的信息或经验等。笔者结合本书研究情景与前人观点,对知识转移过程中知识的范畴做了相应的分类和界定。

广义上讲,知识是人类在实践中的学习和经验所得,获取知识就是对大量信息的集合、处理和总结过程。它不仅存在于书面文字中,如文字、报告、表达式等显性知识,还包括在实践、规范、价值观等无形的集合中表现出的隐性知识。

狭义上,本研究关注的知识界定如下:第一,重点关注隐性知识,如技能、经验、阅历、目标倾向等;第二,重点关注个体知识,如个人专业技能、经验,同时也包括组织知识,如信息系统、组织文化等。

2.1.2.2 知识转移的内涵与特征

知识转移活动的开展能够有效提升企业竞争力[139]。知识转移问题一直是国内外学者的关注热点。但由于研究背景与研究目的不同,学者们从不同的视角对知识转移概念进行界定,至今未形成统一、权威的定义阐述。

国外学者根据不同参与主体,将知识转移划分为个体间知识转移、组织内知识转移与组织间知识转移。针对个体知识转移,Singley 等强调知识转移是个体将通过学习获取的新知识应用到新情景的过程[140];Kumar 等则认为知识转移是将知识由一个人传授给另一个人的过程[141]。严格来讲,组织内或组织间知识转移都是以个体间知识转移为基础单元的,个体知识转移研究是研究组织层面知识转移问题的前提[7][142]。组织内知识转移是指在组织内部,知识从某一个体扩散至另一个体,经历选择、传播、学习、吸收、应用等过程,从而最大化组织内知识效用与价值,提升组织知识创造力与竞争力。Davenport 等认为组织内知识转移是知识从一个部门转移至另一个部门的过程[135];Argote 等与 Szulanski 则更强调组织内知识转移是部门间经验相互影响的过程,将组织内知识转移定义为"典型经验转移",认为组织内知识转移必须同时具备两个条件:第一,拟被转移知识在某部门被使用过,且表现出良好效果;第二,该知识表现出的效果明显优于其他类似用途的平衡知识[7][13]。显然,与其他参与主体层面相比,组织内知识转移更具优势:第一,知识提供者与知识接受者在同一管理体系下,不存在制度与文化距离,多数知识不需要过分解码修改,可直接复制[143];

第二,知识提供者与知识接受者具有组织共同目标,情感基础好,心理距离更近;第三,知识提供者与知识接受者间地理距离较近,进行知识转移更便捷、及时、顺畅。对于组织间知识转移,Argote 等认为组织间知识转移是知识被刻意地从一个组织转移到另一个组织的过程[147];Liao 等与 Bapuji 等则主要强调组织间知识转移是同行业或不同行业企业进行相互学习的过程[144][145];Wijk 等更强调一个组织接受另一个组织知识后的内部化过程[146]。国内学者则未对知识转移参与主体进行清晰划分。许晖等认为知识转移即知识在主体间流动的过程[148];左美云与左亮亮等从物理学视角,认为知识转移是知识从高势能个体流向低势能个体的过程[149][150];尤天慧和李飞飞则认为知识转移是将实践证明有价值的知识进行共享与扩散的过程,通过提高有效知识的应用规模来提高组织绩效[151]。

本研究的重点是制造企业研发团队内部知识转移问题,因此属于组织内知识转移研究范畴。结合 Davenport、Argote 与 Szulanski 对组织内知识转移的概念界定,本研究认为研发团队内部知识转移是在相同文化与制度环境下,成熟知识从知识源传递至知识接受者,并进行学习、吸收、应用的过程。该过程具有如下特征:第一,双向性——知识源在向知识受体传递知识的同时也会从知识接受者那里获取异质性知识;第二,反馈性——知识源进行转移前首先确定知识受体,并根据知识受体的需求与接受能力决定转移内容与方式;第三,增值性——由于聚合效应与协同创新效应的存在,知识在转移过程中往往发生聚合效应与协同创新效应,知识进一步裂变与增值;第四,协调性——知识转移是一个连续且复杂的过程,从知识选择、传递到学习、吸收、应用等过程都需要知识源与知识接受者的协调配合,在可控环境下知识转移效率更高。

2.1.3 制造企业研发团队内部知识转移的内涵与特征

2.1.3.1 制造企业研发团队内部知识转移的内涵

根据前文对知识转移概念和特征的梳理,知识转移包含知识源与知识接受者两个参与主体。对于制造企业研发团队内部知识转移而言,每个成员可能是知识源也可能是知识受体也可能同时扮演双重角色,成员与成员之间既是相互合作关系也是竞争关系。从个人短期收益来看,向团队中其他个体转移知识意味着暂时失去既有知识竞争优势,具有风险性;从团队长期利益来看,团队成员间的知识协同合作能够有效促进团队效能提升。因此,团队成员作为有限理性个体,其知识转移行为策略选择取决于其根据团队条件对知识转移效用的权衡结果。另外,由于知识具有"非正式化"属性,团队内部知识活动总是嵌入在一定的社会关系网络中,团队成员70%的知识和信息来自人际沟通,团队社会网络已成为知识转移的重要载体。因此,制造企业研发团队内部知识转移是以团队内部网络情景为载体、以团队创新任务为目标、团队内部成员的知识转移行为持续扩散、团队内部整体知识流通状态不断演化的过程。

2.1.3.2 制造企业研发团队内部知识转移的特征

图2.2描述了制造企业研发团队内部知识转移的一般过程。A表示研发主管,B,C,D,E…表示研发人员,连线表示团队成员之间有正式或非正式关系。在制造企业研发团队中,每个团队成员的知识数量、质量及专业领域皆存在异质性,通常出于正式关系或非正式关系(如工作需求、个人感情),研发团队成员间会存在密切联系或频繁互动,从而形成制造企业研发团队内部成员间进行知识转移的网络嵌入情景——团队内部社会网络。在团队内部社会网络中,每个成员的关系广度、关系强度及关系结构皆存在差异性,研发主管通常位于网络中心位置,扮演着信息枢纽的角色,与团队其他研发人员间均存在信息交流,关系广度较大;其他研发人员往往围绕研发主管呈梯形分布,与研发主管距离越近,与团队其他成员进行信息与知识交流的机会就越多,知识转移活动就越容易开展。

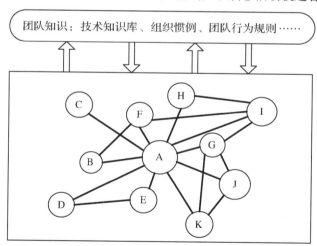

图2.2 制造企业研发团队内部知识转移的一般过程

在制造企业研发团队内部知识转移网络中,当团队成员意识到自身缺乏完成团队任务的某项技术或经验技巧时,便向团队网络中近距离联结的成员寻求帮助。由于团队内部成员皆为有限理性个体,其行为决策选择取决于知识转移的综合效用情况,因此,知识源首先根据客观与主观条件综合权衡向知识接受者转移知识的效用,当满足知识源进行知识转移的条件或心理预期效用时,其将借助团队知识转移平台向知识受体转移其所需技术知识或经验技巧。依此类推,每个团队成员的行为策略选择取决于是否满足其进行转移的条件,进而随着团队网络情景、成员个体特征、知识特征等因素的变化,团队整体知识转移与流通状况也不断演化,表现出随着时间与空间改变的动态演化特性,所以,制造企业研发团队内部知识转移过程也可称为团队内部知识转移的演化过程。在该过程中,研发人员知识转移行为与个人网络位置是相辅相成的,个人知识"交易"价值越高,与研发主管及其他研发人员进行知识互动与转移的机会越多,就越有可能从其他个体知识库中获取新知识,丰富自身知识存量,同时,频繁的知识转移与密切的人际交流有利于提升个体在团队社会网络中的位置,促使其向网络中心位置靠近。另外,在制造企业研发团队知识转移过程中,所涉及知识包括团队成员个人知识与团队集体知识,其中,团队知识包括团队成员的聚合知识、团队成员间通过知识转移与知识交流方式协同创新的知识及团队长期积累的技术知识库、组织惯例、团队行为规则、文化积淀等。

从上述制造企业研发团队内部知识转移的演化过程分析可以看出,制造企业研发团队内部知识转移除了具备知识转移的一般特征外,由于制造企业研发团队自身特征,团队层面的知识转移还呈现出独特性,具体表现如下。

第一,制造企业研发团队内部知识转移任务具有复杂性。制造企业研发团队由"社会人"构成,而"社会人"是有限理性的,且特定群体中的"社会人"总是嵌入在以正式或非正式关系形式交织的复杂社会网络中,他们之间相互影响、相互联动,所以使得镶嵌于该复合、交织、联动网络中的制造企业研发团队内部知识转移任务趋于复杂化。面临复杂的知识转移任务与团队共同创新目标,制造企业研发团队内部成员不得不团结起来,依赖团队异质性成员的协同创新力量来克服个人知识资源的局限性,借助团队多样性知识转移平台,通过知识交流和协作有效促进知识的分享与吸收。

第二,制造企业研发团队内部知识转移主体间知识深度距离较小而知识宽度距离较大。知识距离指转移双方知识基础的差异程度或所掌握知识的相似度。由于社会分工专业化,知识源与知识接受者间的知识距离是客观存在的,通常可以用知识的深度距离与知识的宽度距离两个维度来衡量。知识的宽度距离是指由于转移主体所拥有的知识种类差异而存在的知识结构异质性;知识的深度距离是指转移双方在某一专业领域的知识存量差距[154]。通常情况下,知识的宽度距离较大,知识转移主体间知识异质性越大、知识互补程度越高,那么主体间可转移的知识种类就越多,从而能够刺激知识转移行为且能够高效转移;但若知识的深度距离较大,则将会使得主体间知识沟通与交流出现障碍,双方进行知识编码与解码的难度增加,转移的知识难以被接受者理解与消化吸收,从而制约知识转移效率的提高。即知识转移活动的开展要求主体间既要有一定的相似知识基础,同时知识类型不能有过多的重叠,只有这样才能刺激知识转移行为的实施,提高知识转移效率[153]。在制造企业研发团队中,人力资源均来自高等院校或科研院所的高学历毕业生,他们在某专业领域的知识水平较高,即知识的深度距离较小;同时,他们的专业领域或研究方向是不同的,知识结构异质性特征较明显,即知识的宽度距离较大。因此,制造企业研发团队成员间能够高效开展知识转移活动,团队知识创新能力及水平均较高。

第三,制造企业研发团队内部知识转移主体的关系联结异质性强。每个成员在团队内部网络中位置不同,其关系广度、关系强度及关系结构皆存在差异性,研发主管通常位于网络中心位置,扮演着信息枢纽的角色,与团队其他研发人员间均存在信息交流,关系广度较大;其他研发人员往往围绕研发主管呈梯形分布,与研发主管距离越近,与团队其他成员进行信息与知识交流的机会就越多,知识转移活动越容易开展。在制造企业研发团队知识转移网络中,研发人员知识转移行为与个人网络位置是相辅相成的,个人知识"交易"价值越高,与研发主管及其他研发人员进行知识互动与转移的机会越多,就越有可能从其他个体知识库中获取新知识,丰富自身知识存量,同时,频繁的知识转移与密切的人际交流有利于提升个体在团队社会网络的位置,促使其向网络中心位置靠近。

第四,制造企业研发团队内部知识转移客体以隐性知识为主。制造企业研发团队的主要功能在于产业创新、人才培养及科学研究,为克服个人知识资源的局限性,团队成员通过有目的、有计划的知识转移来实现协同创新,进而达到团队工作目标。在知识转移过程中,为解决实际问题或影响行为决策,所转移知识多为经验、阅历、诀窍、技能、观点等根植于个体思维或习惯中的隐性知识,这些知识大大丰富了个人知识存量与团队整体知识库。另外,隐性知识的黏滞性、缄默性、模糊性等特征,也给制造企业研发团队内部知识转移带来了一定困难[155]。

第五,制造企业研发团队内部知识转移网络个体间信任度高。信任能够促进信息流通与知识互动,它广泛应用于各类组织,如团队、企业、网络组织等[156]。信任是对人们行为的累计分析与判断,随着时间的推移,团队成员间的信任也发生变化,可能增强也可能削弱。具体来说,信任是由团队成员沟通过程中表现出的行为习惯培养出来的,如行事磊落、待人真诚、守承诺、有责任心等,当参与知识转移活动的成员来自同一组织时,相同的文化背景使他们之间沟通顺畅且很容易理解对方,长期工作中会形成良好的关系网络,信任关系便很容易建立起来。制造企业研发团队正是一个长期存在的群体,团队成员均处在相同的文化环境中,成员间沟通频繁且相互了解,信任能够快速建立并发挥作用。因此,高度信任是制造企业研发团队知识转移过程中的重要关系因素,能够有效提高团队内部知识转移效率。

2.1.4 制造企业研发团队内部知识转移基本要素

2.1.4.1 制造企业研发团队内部知识转移主体

知识转移基本要素主要包括知识转移主体、客体与知识转移情景。本研究对象为制造企业研发团队内部知识转移,其主体即为团队成员,他们直接从事知识转移活动,是系统的核心要素,每个成员可能是知识源,也可能是知识受体,也可能同时扮演双重角色。在知识转移过程中,主体特征主要体现在知识转移主体的知识转移意愿、知识认知能力、知识沟通编码能力、知识表达能力、知识沟通解码能力、知识接收能力等方面[266],若知识转移主体缺乏知识转移意愿,不擅于知识传递、编码、解码或接收,则会导致知识合作系统产生大量熵增,可能会阻碍团队成员间的知识沟通与合作进程。其中,知识转移意愿包括知识源的转移意愿和知识受体的接收意愿,由于在制造企业研发团队中,成员间具有知识深度距离小、知识宽度距离大的特性,即皆具有较高的知识水平但知识互补性较强,成员往往很乐意接受其他成员传递的知识以丰富自身知识库,提高自身知识协同创新能力,即知识受体的接受意愿往往不会影响团队成员间的知识协同进程,因此,这里的知识转移意愿表示知识源的知识转移意愿。另外,知识沟通编码能力、知识传递能力可以概括为知识源的知识传授能力;知识沟通解码能力、知识认知能力、知识表达能力可概括为知识学习能力。因此,在制造企业研发团队内部知识转移中,主体的特征因素包括知识转移意愿、知识传授能力与知识学习能力三个维度。

2.1.4.2 制造企业研发团队内部知识转移客体

知识转移的客体即知识。制造企业研发团队内部的知识转移主要以默会的、复杂的、专业的知识为主,如根植于个体思维或习惯中的经验、阅历、诀窍、技能、观点等。关于知识特性的维度划分,虽然国内外学者的相关观点具有较大差异,但这些维度间存在很强相似性与相关性,如默会性、默示性、内隐性、隐含性、系统性、可表达性、可编码性、明晰性、依附性、嵌入性、复杂性、专用性、特殊性等。在前人关于知识特性研究成果基础上,Reagans 等认为,知识的默会性、可表达性、可编码性等特性最终可概括为知识缄默性,即知识能否明确表述的特性[48]。因此,本研究认为知识的特性可由知识缄默性表示。

2.1.4.3 制造企业研发团队内部知识转移情景

情景指的是个体从事特定活动或工作时所面临的外部环境,属于人在从事社会活动时影响或决定其行为结果的重要外部条件[152]。情景通常具有普遍性、外部性、客观性等性质。制造企业研发团队内部知识转移的情景可以解释为知识在传输、吸收、利用、创新等活动中所依赖的客观环境因素,它是知识转移要素与环境的有机契合,是知识转移能够顺利进行的重要基础。由于知识具有"非正式化"属性,团队内部知识活动总是嵌入在团队内部社会关系网络中,员工 70% 的知识和信息来自人际沟通,即团队内部社会网络是知识传播的重要载体。因此,制造企业研发团队内部社会网络能够在很大程度上描述与反映制造企业研发团队内部知识转移的网络嵌入情景,其活动效率在一定程度上会受网络结构特征的影响与限制。由于社会网络理论与知识转移问题相结合的研究方法起步较晚,现有研究多关注知识转移"二元"情景,且少量关于"网络"情景的研究往往倾向于网络关系对知识转移的影响而忽视组织所处的社会网络结构对知识转移的影响[231][232]。因此,与传统的对知识转移的研究相比,在以团队社会网络为情景载体基础上探究制造企业研发团队内部知识转移问题更能贴近成员间知识转移的真实情况,更具有理论指导意义和现实意义。

2.2 制造企业研发团队内部知识转移研究的理论基础

2.2.1 团队效能理论

团队效能是指在特定的外部环境下团队工作任务的完成程度。通常而言,团队效能涵盖了团队能力、团队可信性与团队适应性方面的指标,其可以通过函数表示,具体为:$W=f(C,D,A)$。W 指的是团队效能;C 指的是团队执行任务的系统化能力;D 指的是团队在执行项目计划工作时的状态;A 指的是团队成员的状态。

在团队效能理论的研究中,团队效能影响因素的研究得到了非常广泛深入的探讨,学者们在研究影响团队效能的关键因素并建立团队效能的生成关系模型方面已经取得了许多较有价值的成果。最早由 Hackman 提出的"I-P-O"模型是较为经典的团队效能模型。"I""P""O"分别指输入(Inputs)、过程(Processes)、输出(Outputs)。输入(Inputs)代表团队初始条件,是指一些影响团队效能的结构因素,如团队环境、团队结构、团队成员、团队规模等;过程(Processes)是指项目进行过程中团队成员间如何沟通协同共同完成团队任务,实现团队目标;输出(Outputs)是指项目任务结束后的结果,如团队效能[157]。"I-P-O"模型主要强调输入因素与过程因素对输出因素的影响作用。之后许多学者建立的团队效能模型多是在 Hackman 的"I-P-O"模型基础上不断修改的,其基本思想大致相同,只是输入(Inputs)、过程(Processes)、输出(Outputs)所包含的要素有所差别,其基本特征都是"输入(Inputs)—过程(Processes)—输出(Outputs)"的系统性构架。如 Jewell 等(1981)的团队效能模型将互动过程看作是团队效能的重要前因变量,该模型的主要贡献是列出了团队产出效能和团队互动过程的关键要素,并将物质环境因素和社会环境因素作为个人特质和团队特质等输入要素和团队互动过程之间的权变变量[158]。Jewell 的模型对此后的团队互动过程研究具有重要的指导价值。Cohen 等(1997)的团队效能模型描述了各种影响因素之间直接或间接的相关路径,将团队互动过程分为内部过程和外部过程,注重冲突和沟通的重要中介作用,尤其强调了团队心理特征独立地或通过与团队行为互动对团队效能的影响[159]。Pascual 等(2011)的团队效能模型贡献在于突破了以往模型只对输入和输出变量进行类别划分的局限,对团队作用过程变量也进行了类别划分,将其划分为知识、领导、行为、态度四大类,每一大类下面又包含具体小类。该模型对之后的研究有一定借鉴作用[160]。

本研究借鉴基本的"I-P-O"团队效能模型,认为制造企业研发团队内部知识转移效能作为系统输出是由知识转移系统中的输入因素与过程因素的共同作用实现的。根据基本的"I-P-O"团队效能模型,"输入"指团队初始条件,那么在制造企业研发团队内部知识转移系统中,"输入"即团队内部持续稳定开展知识转移活动的条件,同时,由于知识具有"非正式化"属性,组织内知识活动总是嵌入在一定的社会关系网络情景中,员工70%的知识和信息来自人际沟通,社会网络情景已成为知识转移的重要载体,因此本研究中的制造企业研发团队内部知识转移系统的输入因素除团队内部知识转移条件因素外,还包括团队内部知识转移情景因素;"过程"指为完成团队共同任务,团队成员进行沟通协同的过程,在制造企业研发团队内部知识转移系统中,"过程"即团队内部知识转移的演化过程,过程因素即影响制造企业研发团队内部知识转移演化过程的因素;"输出"指项目完成后的结果,在制造企业研发团队内部知识转移系统中,"输出"指能够全面衡量团队内部知识转移效率、质量、效益及能力的知识转移效能[266],即本系统的输出因素为知识转移效能。因此,为提升制造企业研发团队内部知识转移效能("输出"),本研究首先对知识转移条件("输入")、情景("输入")与演化过程("过程")进行分析,然后将识别出的条件因素(输入因素)、情景因素(输入因素)、演化过程因素(过程因素)与知识转移效能(输出因素)置于同一研究框架下探究输入因素与过程因素对输出因素的影响机理,进而基于研究结论提出促进制造企业研发团队内部知识转移效能提升的对策建议。

2.2.2 知识协同理论

Karlenzig(2002)最早提出知识协同的概念,认为知识协同是以提高组织竞争力为目的,通过动态整合组织系统内外知识技术与各利益相关者使组织绩效最大化[161]。在此基础上,学者们从多个视角对知识协同做进一步理解。Anklam(2002)认为,知识协同是知识管理依次经历了显性知识管理、信息技术实现之后迈向第三个发展阶段的重要标志[162]。Leijen等(2002)结合实践提出,知识协同是指双方为共同解决某一问题达成共识,通过整合双方知识与信息最终使问题得以解决[163]。佟泽华(2012)认为知识协同是主体与客体在时间与空间上处于有效协同的状态[164]。徐少同(2015)进一步指出,知识协同是有效整合资源与提高组织绩效的主要战略管理手段,它运用知识管理理论与协同论通过多个参与主体进行知识互动的方式最终实现创新目标[165]。综合上述学者对知识协同的定义与理解,知识协同具有以下特征:① 知识协同涉及协同主体、协同客体、空间环境与时间,且主体、客体及空间环境是随着时间变化而变化的,即具有动态性;② 知识协同的核心动力是实现协同效应,即"1 + 1 > 2"[166];③ 知识协同的最终目标是知识创造;④ 知识协同过程中知识的流向具有多向性;⑤ 知识协同包含知识搜寻、知识共享、知识创新等微观过程[167];⑥ 知识协同的组织形式包括研发团队、虚拟社区、知识创新联盟等,其中研发团队是最基本的组织形式之一。

制造企业研发团队的最终目标是实现知识技术创新与产业创新并推动科

学研究进程,团队内部知识转移活动的主要任务是利用、整合并优化制造企业研发团队内部知识资源以有效提高团队知识创造能力与效率。这恰恰符合知识协同理论的知识互补、资源优化与合作共赢思想,制造企业研发团队能够通过整合及优化成员个人知识与团队资源来提高团队协同能力与创新绩效,实现"1+1>2"的协同效应。因此,本研究借鉴知识协同理论的观点对制造企业研发团队内部知识转移问题进行具体分析。

2.2.3 博弈论

博弈论是指在一定环境条件与规则约束下,个人或组织根据自有信息选择并实施某策略行为继而获得相应收益与结果的过程。博弈要素主要包括局中人、策略、得失、次序、均衡等,且一个完整的博弈问题至少要包含局中人、策略与得失三个基本要素。局中人是博弈问题中的策略制定者,可以是个人也可以是组织,传统博弈中假定局中人都是"完全理性"的;策略是指在博弈中局中人所选择的实际可行的完整方案;得失指一局博弈结束后的结局,它与该局中人和其他局中人的决策均存在密切关系。根据不同分类标准,博弈可分为不同类型。根据博弈双方是否存在约束力的协议,分为合作博弈与非合作博弈。根据行为的时序性,分为静态博弈与动态博弈。静态博弈即博弈双方同时采取行动或即使不是同时行动后者也不知道前者的决策选择,如"囚徒困境";动态博弈即博弈双方的行动具有先后顺序且后行动者能够知道先行动者的策略选择,如棋牌类游戏。根据博弈双方相互了解程度,分为完全信息博弈与非完全信息博弈:完全信息博弈即双方对对方的特征、策略空间及收益函数都有准确的信息;非完全信息博弈即参与者对其他参与者的特征、策略空间、收益函数等信息没有完全准确的掌握或不是对所有参与者的信息都有准确的认识。

在制造企业研发团队中,成员间知识具有一定互补性,若知识能够在团队内部持续稳定流动,从长期发展收益来看,能够增加团队整体知识存量并显著提高团队知识创造能力;但从短期收益视角来看,对于团队成员个体,由于知识的排他性及生产成本高等特点,若个体将自有知识分享给其他人而没有得到对方的相应补偿,则个体可能会在失去对知识的独占性的同时在团队中的竞争力与相对价值下降,即对于团队成员来说,知识转移行为是具有一定风险的。因此,在实际的知识转移活动过程中,很少有个体愿意轻易地将能增强自身竞争优势的隐性知识转移给其他个体。在制造企业研发团队内部知识转移过程中,参与主体间通常是基于互惠互利关系,在向其他成员转移知识的同时期望能够从对方那里获取同等价值的知识报酬,即团队成员在做出知识转移行为决策前,首先对拟接受知识者进行理性判断,然后权衡自身每个可能决策的收益与成本,最后选择能够使自己获取最大效用的行为决策。由上述分析可知,制造企业研发团队成员知识转移行为的决策过程可理解为制造企业研发团队成员间进行博弈的过程,制造企业研发团队内部知识转移持续稳定开展的条件实际上是如何促使成员间的知识转移博弈模型实现(转移,转移)纳什均衡的问题,在团队内部,选择积极的知识转移行为策略的成员越多,越有利于团队整体知识转移的稳定性与持续性。因此,本研究运用博弈论思想对制造企业研发团队内部知识转移的条件及演化过程进行分析。

2.2.4 社会网络理论

社会网络是由关系网络及嵌入其中的行动者共同组成的,且行动者的态度、认知、行为倾向在一定程度上受网络结构的影响与限制[185]。团队社会网络是指团队成员间、团队成员与外部相关行动者间因正式或非正式关系而形成的网络结构[185][186]。切斯特·巴纳德从非正式组织角度研究了社会网络理论,认为非正式组织是通过协作意愿、共同目标和信息交流三个要素构建的没有组织权力机构的组织,由非正式组织构建的非正式网络具有鲜明的感情色彩,其在个体间的知识扩散与信息传播方面具有明显优势[168]。Oh 等认为团队内部社会网络是指所有团队员工因互动而形成的复杂关系网络。其主要特性在于"网络结构"影响"能动作用",团队内部行动者间的联结因受团队内部正式的组织架构、规章制度及工作要求的影响与限制,而产生被迫互动关系,同时,由于行动者间频繁交互,在正式联结过程中也伴随着非正式自愿联结的建立,从而使团队内部行动者间形成多重互动关系[186]。综上所述,个体行为往往嵌入在一定社会网络情景中,社会网络结构对个体行为具有显著影响且个体与个体间也通过网络载体对彼此具有积极或消极的作用[169]。因此,本研究运用社会网络理论对制造企业研发团队内部知识转移的网络嵌入情景进行深入分析。

2.2.5 复杂网络理论

关于系统整体与局部之间关系的研究一直是系统科学理论的核心研究内容之一,也是各个学科关注的基本问题,但结合系统科学、自然系统与社会经济系统对整体与局部关系的研究成果并不多,且系统层面内涵还没有得到完整阐述。而复杂网络理论开创了新的研究视角,它是从网络结构角度分析复杂系统的结构形态,强调复杂系统结构的拓扑特征,具有一般性,属于适用于自然系统与社会经济系统的系统科学范畴[170][171]。复杂网络包括规则网络、随机网络、小世界网络与无标度网络。其中,小世界网络介于完全规则网络与完全随机网络之间,既具有类似于规则网络的聚类特性又具有类似于随机网络的较小路径长度的特性[172];无标度网络更贴近于许多实际复杂网络特性,其连接度分布呈幂指形式。

根据复杂网络理论,在现实中个体间的接触并非全耦合或者完全随机的,现实世界中许多系统嵌于社会系统中,具有拓扑统计特征,其演化博弈与网络结构之间有密切的联系[217]。制造企业研发团队知识转移是在一定的社会经济背景下,通过团队成员间互动、协同、竞争、促进等非线性作用机制实现创新观点和信息在团队中扩散的过程。从本质上看,这是一个以复杂网络为载体的演化过程。在这个复杂网络中,团队员工构成了网络的节点,团队成员之间的作用关系构成了错综复杂的网络关系,这种关系既包括工作关系、交易关系等正式关系,也包括个人关系和人际关系等非正式关系,这些网络关系也可称为网络中节点的连边。另外,制造企业研发团队中存在多个研究小组,每个小组负责不同的任务,团队领导者与每个小组间均存在信息流通,对团队运作起着主导作用,而成员则在组内频繁交流信息,组间知识流动相对较少,即团队成员在内部网络中的位置与联结均具有较高异质性,即制造企业研发团队内部知识转移网络具有明显的无标度网络特性。因此,本研究借鉴复杂网络理论的观点对制造企业研发团队知识转移在无标度网络上的演化过程进行分析。

2.3 制造企业研发团队内部知识转移研究的理论框架

本研究根据"I-P-O"团队效能理论模型,从微观视角出发,以我国制造企业研发团队为研究对象,对知识转移问题展开深入探究。采用递进的研究范式逐步深入,首先,解决"WHEN"的问题——什么条件下制造企业研发团队内部成员才会采取知识转移行为策略("输入"——条件因素);其次,回答"WHERE"的问题——制造企业研发团队成员间知识转移行为是发生在什么情景中的("输入"——情景因素);再次,在明确"时间"与"地点"后,进一步揭示"HOW"的问题——在综合考虑网络情景与个体知识转移条件的基础上,制造企业研发团队内部知识转移是如何演化的,具体过程如何("过程"——演化过程因素);然后,在对制造企业研发团队内部知识转移的描述性研究基础上,进一步基于因果性研究视角揭示情景因素、条件因素与演化过程因素在多维度视角下如何影响知识转移效能——"HOW"(输入因素、过程因素与输出因素间关系);最后,通过逐步深入探究,打开制造企业研发团队内部知识转移"黑箱",在对条件(WHEN)、情景(WHERE)、演化过程(HOW)及影响因素(HOW)的全面理解基础上,提出提升制造企业研发团队内部知识转移效能的保障措施。具体理论框架如图2.3所示。

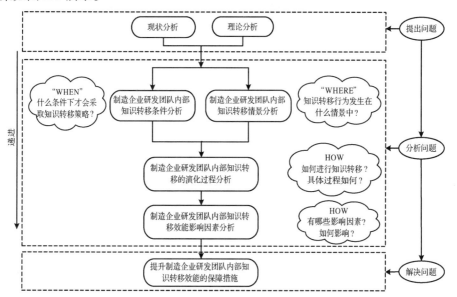

图 2.3　本研究的理论框架

2.4　本章小结

本章提出了制造企业研发团队内部知识转移研究的理论框架。首先,对制造企业研发团队内部知识转移的内涵、特征、构成要素等相关概念进行界定;其次,阐释了制造企业研发团队内部知识转移研究中所涉及的相关理论,主要包括团队效能理论、知识协同理论、博弈理论、社会网络理论、复杂网络理论;最后,构建了制造企业研发团队内部知识转移研究的理论框架。本章的研究为其他章节的研究奠定了坚实的理论基础。

第3章 制造企业研发团队内部知识转移的条件分析

根据本研究理论框架,首先要解决制造企业研发团队内部知识转移条件的问题——"WHEN"。博弈论是一种能够分析节点行为决策的有效方法。因此,本章根据知识协同理论与博弈理论,在充分借鉴已有相关研究的基础上,综合考虑各方面因素,建立知识转移效用函数,从静态博弈、重复博弈及演化博弈多个视角分析制造企业研发团队内部知识转移活动持续稳定开展的条件。

3.1 静态博弈角度的分析

3.1.1 静态博弈模型的构建

(1)知识转移效用函数

根据霍曼斯社会交换理论可知,因个人偏好,不同主体对同一行为报酬的价值感知与成本感知不同,即报酬与行为间的关系强度因个体差异而变化,但这种关系强度的变化并不否定行为报酬对行为的预测作用,依据行为报酬大小确定行为是个体行为的选择原则。在制造企业研发团队中,知识转移产生的效用大小决定团队成员是否实施知识转移行为。基于张宝生、朱雪春等[177][178]学者的研究成果及制造企业实际情况,本章将与知识转移行为决策密切相关的团队成员知识转移直接收益、知识聚合收益、知识协同收益、知识转移成本等因素纳入知识转移效用函数中。对于任意团队成员 i、成员 j,建立知识转移效用函数:

$$v_i = v_i(\alpha_i k_j, \beta_i v_{i,0} k_j, \gamma_i k_i^m k_j^n, c_i k_i) \tag{3-1}$$

其中,$\alpha_i k_j$ 表示成员 i 从成员 j 处成功获取的知识量,称为知识转移直接收益。k_j 表示成员 j 向成员 i 转移的知识量;α_i 为转移系数,取决于成员 j 的知识发送能力、成员 i 的知识吸收能力及转移情景等因素,体现知识转移的效率。

$\beta_i v_{i,0} k_j$ 表示知识聚合收益,指在知识合作过程中成员 i 将从成员 j 中获取的知识和自有知识进行综合与消化,对原有知识进行一定的优化和改进,可能会创造出少量新知识,产生"1+1>2"的效应。β_i 为叠加系数,取决于成员 i 对知识的理解、领悟和应用能力;$v_{i,0}$ 表示研发团队成员 i 的自有知识存量。

$\gamma_i k_i^m k_j^n$ 表示知识协同收益,即成员 i 与成员 j 通过相互交流、沟通、配合、反馈进行知识转移,不断优化自身知识,协同创造出新知识。γ_i 为协同系数,取决于成员 i 与成员 j 的创新能力、合作水平、知识互补程度等因素;m 与 n 分别表示成员 i 与成员 j 知识转移量的弹性系数,且 m、$n>0$,$m+n=1$。

$c_i k_i$ 表示知识转移成本。c_i 表示知识转移成本系数,表示成员 i 进行知识转移行为所产生的成本和损失,包括两部分,一部分是知识转移行为使成员 i 所花费的时间、精力、物质资源和机会成本;另一部分是由于成员 i 自身知识共享所造成的知识专有权和知识独享收益损失,以及成员 i 在组织中价值和竞争力降低所造成的损失,这部分更为重要。

为方便分析,不失一般性,本研究将效用函数简化为线性函数,表示为:

$$v_i = \alpha_i k_j + \beta_i v_{i,0} k_j + \gamma_i k_i^m k_j^n - c_i k_i \quad (3-2)$$

(2)知识转移静态博弈模型

假设制造企业研发团队员工完全理性且具有完全信息,即博弈双方处于完全信息静态博弈情形下,则建立制造企业研发团队成员 i,j 知识转移博弈效用矩阵如表 3.1 所示。

表 3.1 静态博弈下制造企业研发团队内部知识转移博弈效用矩阵

		成员 j	
		转移	不转移
成员 i	转移	H_i, H_j	P_i, Q_j
	不转移	Q_i, P_j	R_i, R_j

表 3.1 描述了不同策略组合下知识转移博弈方成员 i、成员 j 的收益水平,其中:

$$H_i = \alpha_i k_j + \beta_i v_{i,0} k_j + \gamma_i k_i k_j - c_i k_i \quad (3-3)$$

$$P_i = -c_i k_i \quad (3-4)$$

$$Q_i = \alpha_i k_j + \beta_i v_{i,0} k_j \quad (3-5)$$

$$R_i = 0 \quad (3-6)$$

$$H_j = \alpha_j k_i + \beta_j v_{j,0} k_i + \gamma_j k_i k_j - c_j k_j \quad (3-7)$$

$$P_j = -c_j k_j \qquad (3\text{-}8)$$

$$Q_j = \alpha_j k_i + \beta_j v_{j,0} k_i \qquad (3\text{-}9)$$

$$R_j = 0 \qquad (3\text{-}10)$$

H_i, H_j 分别表示团队成员 i 和成员 j 在(转移,转移)策略下的收益;P_i 表示成员 i 受成员 j 机会主义影响下的收益,Q_j 表示成员 j 利用机会主义行为的收益,即 P_i, Q_j 分别表示成员 i 和 j 在(转移,不转移)策略下的收益;Q_i, P_j 分别表示成员 i 和成员 j 在(不转移,转移)策略下的收益;R_i, R_j 表示成员 i 和成员 j 都选择不转移策略时的收益。

3.1.2 考虑纯策略的情形

当研发团队任意成员 i 和成员 j 发生博弈时,不同策略组合下双方收益不同。显然,$R > P$,而 H 与 Q 的大小不能确定,取决于协同收益与知识转移成本的大小。当协同收益小于知识转移成本($\gamma_i k_i k_j < c_i k_i$)时,$H < Q$,此时博弈矩阵表现为典型的"囚徒困境"问题,在完全理性的博弈双方追求个人利益最大化的情况下,(不转移,不转移)为唯一的纳什均衡解,显然,此时总体收益相较于二者选择(转移,转移)策略组合的情形为低,即此情形下表现出纳什均衡与帕累托最优的冲突、个体理性与集体理性的冲突;当协同收益大于知识转移成本 ($\gamma_i k_i k_j > c_i k_i$)时,$H > Q$,此时博弈矩阵构成了对称协调博弈,(转移,转移)和(不转移,不转移)均为模型的纳什均衡解,显然,策略组合(转移,转移)为帕累托最优,个人利益与集体利益同时最大化,协调博弈的均衡选择并不涉及激励问题而依赖于参与人之间对博弈如何进行有充分相似的信念。

因此,在纯策略情形下,基于完全信息静态博弈角度,制造企业研发团队成员间知识转移博弈模型实现(转移,转移)纳什均衡的前提是:成员间进行知识转移的协同收益要大于所花费成本,即要实现制造企业研发团队内部知识转移持续稳定开展就必须在提高成员协同创新能力的同时尽量降低知识转移成本。

3.1.3 考虑混合策略的情形

为进一步分析制造企业研发团队成员博弈双方选择(转移,转移)的条件,引入混合策略纳什均衡理论思想,假设成员 i 选择知识转移行为策略的概率为 p_i,选择知识不转移行为策略的概率为 $(1-p_i)$;成员 j 选择知识转移行为策略的概率为 p_j,则选择知识不转移行为策略的概率为 $(1-p_j)$。建立博弈效用矩阵如图 3.1 所示。

		成员 j		
		转移	不转移	
成员 i	转移	$\alpha_i k_j + \beta_i v_{i,0} k_j + \gamma_i k_i k_j - c_i k_i$, $\alpha_j k_i + \beta_j v_{j,0} k_i + \gamma_j k_j k_i - c_j k_j$	$-c_i k_i$, $\alpha_j k_i + \beta_j v_{j,0} k_i$	p_i
	不转移	$\alpha_i k_j + \beta_i v_{i,0} k_j, -c_j k_j$	0,0	$1-p_i$
		p_j	$1-p_j$	

图3.1 混合策略下制造企业研发团队内部知识转移博弈效用矩阵

则成员 i 选择知识转移策略时的预期效用为：

$$v_i(p_i=1) = p_j(\alpha_i k_j + \beta_i v_{i,0} k_j + \gamma_i k_i k_j - c_i k_i) + (1-p_j)(-c_i k_i) \tag{3-11}$$

成员 i 选择知识不转移策略时的预期效用为：

$$v_i(p_i=0) = p_j(\alpha_i k_j + \beta_i v_{i,0} k_j) \tag{3-12}$$

混合策略情形下的纳什均衡是制造企业研发团队成员面对其他成员不确定性的策略选择而做出的理性对策。其典型特征是成员选择知识转移行为纯策略与选择知识不转移行为纯策略的收益相同，即 $v_i(p_i=1) = v_i(p_i=0)$。存在混合策略纳什均衡 $\{[p_i^*, (1-p_i^*)], [p_j^*, (1-p_j^*)]\}$，使得 $v_i(p_i^*) \geqslant v_i(p_i)$，$v_j(p_j^*) \geqslant v_j(p_j)$ $(0 \leqslant p_i, p_j \leqslant 1)$。

特殊地，若使该博弈矩阵最终取得纯策略纳什均衡解（转移，转移），则需满足条件：每个参与者选择转移策略的预期效用高于其他策略选择。即有：

$$v_i(p_i=1) > v_i(p_i=0) \tag{3-13}$$

则

$$p_j > \frac{c_i k_i}{\gamma_i k_i k_j} \tag{3-14}$$

式(3-14)表明，在完全信息条件下，博弈双方预期对方选择知识转移策略的概率 p_j 越大、双方协同收益 $\gamma_i k_i k_j$ 越大、进行知识转移成本 $c_i k_i$ 越小，博弈双方皆选择知识转移行为策略（纳什均衡与帕累托最优相符）的可能性越大，即达到集体利益最大化的概率越大。

因此，在混合策略情形下，从完全信息静态博弈角度出发，制造企业研发团队成员预期其他成员选择知识转移行为策略的概率越大、成员间知识协同能力越强、知识转移成本越小，越有利于维持制造企业研发团队内部知识转移的稳定性。

3.1.4 考虑组织激励机制的情形

团队内部知识的持续流动是保证制造企业研发团队生存的基础,在实际知识转移活动中,组织往往对团队成员的知识转移行为进行组织制度干涉,以提高制造企业研发团队成员进行知识转移的积极性。因此,本节进一步考虑将组织制度保证纳入制造企业研发团队成员知识转移效用函数。组织制度包括组织激励机制和惩罚机制。假设 λk_i 表示激励机制,包括显性激励(如职位晋升、物质奖励、财务奖励、荣誉表彰等)和隐性激励(包括声誉、潜在机会等),λ 表示组织对知识转移行为的奖励系数;φ_i 表示对机会主义、搭便车等行为的惩罚机制,包括外在惩罚、精神惩罚及隐性惩罚。二者统称为组织激励奖惩制度。

重新建立制造企业研发团队成员知识转移效用函数:

$$v_i = \alpha_i k_j + \beta_i v_{i,0} k_j + \gamma_i k_i^m k_j^n - c_i k_i + \lambda k_i - \varphi_i \tag{3-15}$$

$$\varphi_i = \begin{cases} 0, k_i > 0 \\ \varphi, k_i = 0 \end{cases} \tag{3-16}$$

则制造企业研发团队成员知识转移博弈效用矩阵如表 3.2 所示。

表3.2 组织激励机制下制造企业研发团队内部知识转移博弈效用矩阵

		成员 2	
		转移	不转移
成员 1	转移	$H_1 = \alpha_1 k_2 + \beta_1 v_{1,0} k_2 + \gamma_1 k_1 k_2 - c_1 k_1 + \lambda k_1$, $H_2 = \alpha_2 k_1 + \beta_2 v_{2,0} k_1 + \gamma_2 k_2 k_1 - c_2 k_2 + \lambda k_2$	$P_1 = -c_1 k_1 + \lambda k_1$, $Q_2 = \alpha_2 k_1 + \beta_2 v_{2,0} k_1 - \varphi$
	不转移	$Q_1 = \alpha_1 k_2 + \beta_1 v_{1,0} k_2 - \varphi, P_2 = -c_2 k_2 + \lambda k_2$	$R_1 = -\varphi, R_2 = -\varphi$

(1) 考虑纯策略情形下的纳什均衡解

如果成员 i 和成员 j 同时采取转移策略,则成员 i 与成员 j 的收益分别为 $H_i = \alpha_i k_j + \beta_i v_{i,0} k_j + \gamma_i k_i^m k_j^n - c_i k_i + \lambda k_i, H_j = \alpha_j k_i + \beta_j v_{j,0} k_i + \gamma_j k_i^m k_j^n - c_j k_j + \lambda k_j$;如果成员 i 采取不转移策略,利用"机会主义"获取一定收益 $\alpha_i k_j + \beta_i v_{i,0} k_j$,但同时会受到团队惩罚 φ,此时成员 i 的收益为 $Q_i = \alpha_i k_j + \beta_i v_{i,0} k_j - \varphi$,而成员 j 选择知识转移策略的收益为 $P_j = -c_j k_j + \lambda k_j$;如果成员 i 采取知识转移策略,而成员 j 采取不转移策略,则成员 i 的收益受成员 j "机会主义"行为的影响,变为 $P_i = -c_i k_i + \lambda k_i$,而成员 j 的收益变为 $Q_j = \alpha_j k_i + \beta_j v_{j,0} k_i - \varphi$;如果成员 i 和成员 j 都选择不转移策略,则成员 i 和成员 j 的收益将不受彼此"机会主义"的影响,分别为 $R_i = -\varphi, R_j = -\varphi$。

由以上分析可知,R 与 P 的大小取决于组织激励奖惩制度与成员知识转移成本的大小,同样,H 与 Q 的大小比较也加入了组织激励奖惩因素,取决于激励奖惩制度、知识转移成本及协同收益的大小。若同时满足 $H>Q, P>R(\lambda k+\varphi>ck)$,则博弈矩阵能够实现纳什均衡解(转移,转移)。即只要组织奖励力度与惩罚力度之和大于知识转移成本,团队内部知识转移活动便能稳定持续地进行下去。这说明组织激励奖惩制度对制造企业研发团队知识转移发展来说意义重大。

(2) 考虑混合策略情形下的纳什均衡解

成员 i 选择知识转移策略时的预期效用为:

$$v_i(p_i=1) = p_j(\alpha_i k_j + \beta_i v_{i,0} k_j + \gamma_i k_i k_j - c_i k_i + \lambda k_i) + (1-p_j)(-c_i k_i + \lambda k_i) \quad (3\text{-}17)$$

成员 i 选择知识不转移策略时的预期效用为:

$$v_i(p_i=0) = p_j(\alpha_i k_j + \beta_i v_{i,0} k_j - \varphi) + (1-p_j)(-\varphi) \quad (3\text{-}18)$$

若使该博弈矩阵最终取得纯策略纳什均衡解(转移,转移),则需满足条件:每个参与者选择转移策略的预期效用高于其他策略选择。即有:

$$v_i(p_i=1) > v_i(p_i=0) \quad (3\text{-}19)$$

则

$$p_j > \frac{c_i k_i - (\lambda k_i + \varphi)}{\gamma_i k_i k_j} \quad (3\text{-}20)$$

式(3-20)表明,在完全信息条件下,组织激励奖惩制度能够显著提高制造企业研发团队成员间知识转移博弈矩阵最终达到(转移,转移)纯策略纳什均衡的可能性,组织对知识转移的监督和所采取的保证制度措施($\lambda k_i + \varphi$)越完善、力度越大,知识转移行为越透明,双方协同收益越大,进行知识转移成本越小,则成员选择知识转移倾向越大。

综合上述分析,从静态博弈视角出发,纯策略情形下,制造企业研发团队内部知识转移博弈模型实现(转移,转移)纳什均衡的条件是:知识转移的组织奖励力度与知识不转移的惩罚力度之和大于知识转移成本;混合策略情形下,制造企业研发团队内部知识转移博弈模型实现(转移,转移)纳什均衡的条件是:团队成员对其他成员进行知识转移的概率预期大于成本减去组织奖惩力度后与协同收益的比值(式3-20)。即在制造企业研发团队中,组织激励制度、成员协同创新能力、知识转移成本均对知识转移的持续稳定性具有重要影响。

3.2 重复博弈角度的分析

上述是基于一次性静态博弈视角对制造企业研发团队内部知识转移条件的分析，在此基础上，我们进一步从重复博弈视角对知识转移条件进行分析。根据连续博弈次数，博弈可分为一次博弈和重复博弈。当博弈双方只进行一次博弈时，参与双方仅关注一次性的收益，而当博弈双方进行多次重复博弈时，参与人更倾向于关注长远利益，根据长远利益来选择当下策略。对于制造企业研发团队内部知识转移活动来说，若团队成员更关心个人知识技能提升、个人竞争力增强及团队知识存量提高等长远利益，则重复博弈将会因此开展。另外，由于制造企业研发团队内部知识的缄默性、个人化，知识在成员间流通的过程中准确表达与量化难度较大，难以克服信息的不对称及不完全。因此，本节从不完全信息的重复博弈视角，对制造企业研发团队内部知识转移条件进行分析。

3.2.1 无限次重复博弈分析

下面针对制造企业研发团队成员间知识转移行为的不完全信息的重复博弈进行分析（由于博弈矩阵是对称的，故仅分析成员 i）。

$t=0$：假设所有员工最初均选择合作策略进行知识转移；$t=1$：该阶段员工 i 首先选择知识不转移策略，该阶段其收益为 Q_i（或依然保持合作状态，采取知识转移策略，博弈效用为 H_i）；$t=2$：该阶段员工 i 的博弈效用取决于员工 j 是否发现其利用机会主义谋取私利，若未发现，员工 j 依然会采取知识转移策略，此时员工 i 的收益仍为 Q_i，若发现，则根据触发策略原则，员工 j 将采取"冷酷战略"，即员工 i 的一次性不合作行为将触发员工 j 永远的不合作，即采取知识不转移策略，此时员工 i 的博弈效用变为 R_i。假设员工知道对方过去行为的概率为 p，则员工 i 的博弈期望效用为 $pR_i + (1-p)Q_i$。

由以上分析得出，制造企业研发团队成员进行无限次知识转移重复博弈的效用函数为：

$$v_i(\text{转移}) = H_i + \sum_{t=0}^{\infty} \delta^t [pH_i + (1-p)H_i] = \frac{H_i}{1-\delta} \qquad (3-21)$$

$$v_i(\text{不转移}) = Q_i + \sum_{t=0}^{\infty} \delta^t [pR_i + (1-p)Q_i]$$
$$= Q_i + \frac{\delta[pR_i + (1-p)Q_i]}{1-\delta} \qquad (3-22)$$

其中 δ 为贴现因子,表示在制造企业研发团队中,员工再次相遇(博弈)的机会。与知识转移的预期收益有关,δ 越大,表明员工对知识转移的长远利益更关心,对重复博弈越有耐心,合作发生的概率越大。

因此,要保证制造企业研发团队知识持续流动,重复博弈实现(转移,转移)的纳什均衡需满足:员工利用机会主义行为所获取的重复博弈效用之和小于选择知识转移的重复博弈收益之和,即:

$$v_i(转移) > v_i(不转移), v_j(转移) > v_j(不转移) \tag{3-23}$$

计算可得:

$$p\delta > \frac{Q_i - H_i}{Q_i - R_i} = \frac{c_i k_i - \gamma_i k_i k_j - (\lambda k_i + \varphi)}{\alpha_i k_j + \beta_i v_{j,0} k_j} \tag{3-24}$$

$$p\delta > \frac{Q_j - H_j}{Q_j - R_j} = \frac{c_j k_j - \gamma_j k_i k_j - (\lambda k_j + \varphi)}{\alpha_j k_i + \beta_j v_{j,0} k_i} \tag{3-25}$$

显然,当博弈双方满足式(3-24)(3-25)时,博弈矩阵才能达到纳什均衡解(转移,转移),团队内部知识转移活动才能够持续稳定地进行下去。

3.2.2 基于重复博弈的条件分析

式(3-24)(3-25)表明了在重复博弈中,制造企业研发团队内部知识转移持续进行下去的条件。制造企业研发团队内部成员间进行知识转移的成本、直接收益、协同收益、聚合收益、组织激励奖惩力度及团队成员间信息透明度等因素均起着重要作用。其中,团队成员间知识协同收益、知识聚合收益越大,员工知识转移能力越强、知识转移成本越低,组织激励政策力度越大,团队成员知识转移行为越透明,越有利于提高团队内部知识转移的持续性和稳定性。另外,提高贴现因子,增加团队成员知识转移的未来收益期望,提高未来收益期望在员工心中的重要性,并降低团队员工的流动性,增加团队的稳定性,提高研发团队成员重复知识转移行为的积极性,对于柔性动态的制造企业研发团队来说更为重要。

通过对式(3-24)(3-25)进行具体讨论可知,制造企业研发团队内部知识转移博弈模型实现(转移,转移)纳什均衡的条件可分为以下两种情况。

第一,当 $ck < \gamma k_i k_j + (\lambda k + \varphi)$ 时:该情况下,不等式左侧的分子大于0,分母小于0,即右侧始终小于0,那么因 $p\delta > 0$,所以式(3-24)(3-25)恒成立。即只要满足团队成员间进行知识转移的成本小于协同收益与团队对知识转移行为的激励奖惩收益之和,完全理性假定下的制造企业研发团队内部成员间的知识转移将持续进行下去。

第二，当 $ck > \gamma k_i k_j + (\lambda k + \varphi)$ 时：随着员工知识转移直接收益(αk)与知识聚合收益($\beta v_0 k$)的增加，即员工知识发送能力、知识吸收能力及转移情景(α)越好，员工对知识的理解、领悟和应用能力(β)越强，员工自有知识存量(v_0)越大；员工对未来收益的期望(δ)、员工正确判断对方行为选择的概率(p)越高，越有利于制造企业研发团队知识转移持续进行下去。

3.3 基于前景理论的演化博弈角度分析

以上博弈分析皆是基于博弈方为完全理性的假设，但在制造企业研发团队内部的实际知识转移过程中，行为主体面对复杂和不确定的系统内外环境，由于其在认知、能力、收益、风险喜好及感知等方面的差异，表现出明显的有限理性特征，且不同行为主体在相同风险或环境下的价值感知不同，存在主观判断偏差和价值感知偏好等现象。而演化博弈理论能够很好地解释有限理性个体间的博弈问题。Kahneman 等人认为，前景理论[179]可以对知识转移主体的感知价值偏好更好地进行诠释，能够对不确定因素条件下的决策行为与主观判断更好地形容，对于充满不确定性与复杂性的知识转移过程中的知识转移主体的决策行为研究非常适用。因此，本节在前文的静态博弈与重复博弈分析的基础上，结合前景理论与演化博弈理论对制造企业研发团队内部知识转移条件做进一步分析。

3.3.1 演化博弈分析

假设 1 将制造企业研发团队看作一个系统，该系统由两个有差别的群体 1 和群体 2 构成。且由于研发团队内部知识转移的复杂性和不确定性，群体成员在风险感知与偏好、能力、知识、角色、信息获取与分析能力等方面的差异明显，表现出典型的有限理性特征，对策略的选择主要基于策略选择损益值的心理预期和感知价值，而不是实际损益。根据前景理论[179]，该感知价值 V 可由价值函数 $v(u_i)$ 和权重函数 $\pi(p_i)$ 共同度量，$V = \sum_{i=1}^{n} v(u_i) \pi(p_i)$。

其中，$v(u_i)$ 表示决策者对事件 i 中参考收益与实际收益两者差值的一种主观价值感受。在 $u_i > 0$ 条件下，决策者作为非完全理性个体，表现出"确定效应"，即在面对确定性收入与概率性收入时，偏向于前者，$v(u_i) < u_i$；当 $u_i < 0$ 时，决策者表现出"反射效应"，即在面对确定损失和"赌一把"时，更偏向于后者，$v(u_i) > u_i$，且此时函数的敏感性更强（"损失规避效应"）。

$\pi(p_i)$ 为决策者对事件 i 发生概率 p_i 的主观判断。对于小概率事件，决策者的风险偏好发生转变,当 $u_i>0$ 时,决策者面对小概率的盈利,往往表现出强烈的风险喜好,$\pi(p_i)>p_i$("迷恋小概率事件效应")。除小概率事件外,$\pi(p_i)<p_i$,且 $\pi(p_i)+\pi(1-p_i)\leqslant 1$。

假设 2 在有限理性博弈中,反复随机从群体 1、2 中各抽取一个成员进行配对博弈,分别为成员 1 和成员 2,且每个成员都有两个策略选择:知识转移和知识不转移。若决策者对知识转移收益的感知价值更优,则博弈方将会停止知识不转移行为,在下一轮博弈中选择知识转移策略;若知识不转移策略收益的感知价值更优,则团队中将会有越来越多的成员选择知识不转移策略。团队成员通过不断模仿、学习来调整更优策略,直至达到均衡。

假设 3 在博弈初级阶段,群体 1 中选择知识转移策略的成员比例为 x,选择知识不转移策略的成员比例为 $(1-x)$;群体 2 中选择知识转移策略的成员比例为 y,选择知识不转移策略的成员比例为 $(1-y)$。其中 x、y 也可以分别表示成员 1、2 选择知识转移策略的概率。

根据表 3.2 四种策略组合的具体描述可得:

成员 1 选择知识转移策略的平均收益为

$$V_1 = yH_1 + (1-y)P_1 = y(\alpha_1 k_2 + \beta_1 v_{1,0} k_2 + \gamma_1 k_1^m k_2^n) \\ + (v_{1,0} - c_1 k_1 + \lambda k_1) \tag{3-26}$$

成员 1 选择知识不转移策略的平均收益为

$$V'_1 = yQ_1 + (1-y)R_1 = y(\alpha_1 k_2 + \beta_1 v_{1,0} k_2) + (v_{1,0} - \varphi) \tag{3-27}$$

则成员 1 分别以 x 和 $(1-x)$ 的概率选择知识转移和知识不转移策略的平均收益为

$$\overline{V_1} = xV_1 + (1-x)V'_1 \\ = x(y \cdot \gamma_1 k_1^m k_2^n - c_1 k_1 + \lambda k_1) + \\ y(\alpha_1 k_2 + \beta_1 v_{1,0} k_2) + v_{1,0} - \varphi + x\varphi \tag{3-28}$$

成员 2 选择知识转移策略的平均收益为

$$V_2 = xH_2 + (1-x)P_2 = x(\alpha_2 k_1 + \beta_2 v_{2,0} k_1 + \gamma_2 k_1^m k_2^n) \\ + (v_{2,0} - c_2 k_2 + \lambda k_2) \tag{3-29}$$

成员 2 选择知识不转移策略的平均收益为

$$V'_2 = xQ_2 + (1-x)R_2 \\ = x(\alpha_2 k_1 + \beta_2 v_{2,0} k_1) + (v_{2,0} - \varphi) \tag{3-30}$$

则成员 2 分别以 y 和 $(1-y)$ 的概率选择知识转移和知识不转移策略的平

均收益为

$$\overline{V_2} = yV_2 + (1-y)V'_2$$
$$= y(x \cdot \gamma_2 k_1^m k_2^n - c_2 k_2 + \lambda k_2) +$$
$$x(\alpha_2 k_1 + \beta_2 v_{2,0}) + v_{2,0} - \varphi + y\varphi \quad (3\text{-}31)$$

由于团队成员为有限理性个体,学习速度较慢,故其只能根据多次博弈结果来调整策略。这种动态调整机制类似于生物动态进化过程中的"复制动态"[182][183],即若某一特定策略的平均收益高于混合策略的平均收益,则将会有越来越多的成员倾向于该策略,假定该策略比例的调整速度与其平均收益超过混合策略平均收益的幅度成正比,则关于 x、y 的微分方程组(动态复制系统)可表示为:

$$\frac{dx}{dt} = x(V_1 - \overline{V_1}) = x(1-x)(y \cdot \gamma_1 k_1^m k_2^n - c_1 k_1 + \lambda k_1 + \varphi) \quad (3\text{-}32)$$

$$\frac{dy}{dt} = y(V_2 - \overline{V_2}) = y(1-y)(x \cdot \gamma_2 k_1^m k_2^n - c_2 k_2 + \lambda k_2 + \varphi) \quad (3\text{-}33)$$

3.3.2 局部稳定性分析

动态复制系统的解曲线上任意一点 (x,y) 与系统演化博弈过程中的一组混合策略相对应,动态复制系统平衡点对应于演化博弈的均衡点[184]。令 $\frac{dx}{dt}=0$,$\frac{dy}{dt}=0$,可得:

$$x_1^* = 0, x_2^* = 1, y^* = \frac{c_1 k_1 - \lambda k_1 - \varphi}{\gamma_1 k_1^m k_2^n};$$

$$y_1^* = 0, y_2^* = 1, x^* = \frac{c_2 k_2 - \lambda k_2 - \varphi}{\gamma_2 k_1^m k_2^n}.$$

则在 $R = \{(x,y) | 0 \leq x \leq 1, 0 \leq y \leq 1\}$ 上可得均衡点:$(0,0)$,$(0,1)$,$(1,0)$,$(1,1)$,$(x^*, y^*)(0 < x^*, y^* < 1)$。

对微分方程组求偏导,得到系统 Jacobian 矩阵:

$$J = \begin{bmatrix} (1-2x)(y \cdot \gamma_1 k_1^m k_2^n - c_1 k_1 + \lambda k_1 + \varphi) & x(1-x)\gamma_1 k_1^m k_2^n \\ y(1-y)\gamma_2 k_1^m k_2^n & (1-2y)(x \cdot \gamma_2 k_1^m k_2^n - c_2 k_2 + \lambda k_2 + \varphi) \end{bmatrix}$$
$$(3\text{-}34)$$

J 的行列式

$$DetJ = (1-2x)(1-2y)(y \cdot \gamma_1 k_1^m k_2^n - c_1 k_1 + \lambda k_1 + \varphi)$$
$$(x \cdot \gamma_2 k_1^m k_2^n - c_2 k_2 + \lambda k_2 + \varphi) -$$
$$xy(1-x)(1-y)\gamma_1 k_1^m k_2^n \gamma_2 k_1^m k_2^n \tag{3-35}$$

J 的迹

$$TrJ = (1-2x)(y \cdot \gamma_1 k_1^m k_2^n - c_1 k_1 + \lambda k_1 + \varphi) +$$
$$(1-2y)(x \cdot \gamma_2 k_1^m k_2^n - c_2 k_2 + \lambda k_2 + \varphi) \tag{3-36}$$

根据 Jacobian 矩阵的局部稳定性分析法对上述五个均衡点进行稳定性分析。由于 $TrJ|(x^*,y^*) = 0$ 恒成立,即在 $0 < x^*, y^* < 1$ 条件下,(x^*,y^*) 是演化博弈过程中的均衡点,但始终不是稳定点,故本研究在此仅对 $(0,0),(0,1),(1,0),(1,1)$ 四个均衡点进行局部稳定性分析。具体分析见表 3.3—3.6。

表 3.3 $c_1 k_1 > \lambda k_1 + \varphi, c_2 k_2 > \lambda k_2 + \varphi$ 时局部稳定性求解

(x,y)	$DetJ$	TrJ	结果
$(0,0)$	+	−	ESS
$(0,1)$	不确定	不确定	鞍点
$(1,0)$	不确定	不确定	鞍点
$(1,1)$	不确定	不确定	鞍点
(x^*,y^*)	−	0	鞍点

表 3.4 $c_1 k_1 > \gamma_1 k_1^m k_2^n + \lambda k_1 + \varphi, c_2 k_2 < \lambda k_2 + \varphi$ 时局部稳定性求解

(x,y)	$DetJ$	TrJ	结果
$(0,0)$	−	不确定	鞍点
$(0,1)$	+	−	ESS
$(1,0)$	+	+	不稳定点
$(1,1)$	−	不确定	鞍点
(x^*,y^*)	不确定	0	鞍点

表 3.5 $c_1 k_1 < \lambda k_1 + \varphi, c_2 k_2 > \gamma_2 k_1^m k_2^n + \lambda k_2 + \varphi$ 时局部稳定性求解

(x,y)	$DetJ$	TrJ	结果
$(0,0)$	−	不确定	鞍点
$(0,1)$	+	+	不稳定点
$(1,0)$	+	−	ESS
$(1,1)$	−	不确定	鞍点
(x^*,y^*)	不确定	0	鞍点

表3.6　$c_1k_1 < \gamma_1k_1^mk_2^n + \lambda k_1 + \varphi, c_2k_2 < \gamma_2k_1^mk_2^n + \lambda k_2 + \varphi$ 时局部稳定性求解

(x,y)	$DetJ$	TrJ	结果
$(0,0)$	不确定	不确定	鞍点
$(0,1)$	不确定	不确定	不稳定点
$(1,0)$	不确定	不确定	ESS
$(1,1)$	+	−	鞍点
(x^*,y^*)	−	0	鞍点

情况 1　$c_1k_1 > \lambda k_1 + \varphi, c_2k_2 > \lambda k_2 + \varphi$ 时,$(0,0)$为系统的演化稳定点。群体1、2中成员选择知识转移策略的成本大于知识转移的奖励与知识不转移的惩罚之和,即组织知识转移的激励奖惩机制力度过小,不能使团队成员知识转移所耗费的成本得到补偿,那么,经多次博弈后越来越多的成员将选择知识不转移策略,最终系统达到全部成员均选择知识不转移策略的稳定状态,知识流动趋于停滞。这表明建立研发团队知识转移组织制度是非常必要的,只有使团队成员明显感受到知识转移行为所获得的丰厚奖励与不进行知识转移行为所受到的严厉惩罚,形成完善的知识转移辅助机制,才能提高团队成员进行知识转移的动力,实现制造企业研发团队知识持续性流动。动态演化过程如图3.2所示。

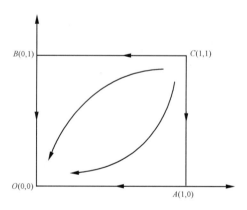

图 3.2　$c_1k_1 > \lambda k_1 + \varphi, c_2k_2 > \lambda k_2 + \varphi$ 时系统演化相位图

情况 2　$c_1k_1 > \gamma_1k_1^mk_2^n + \lambda k_1 + \varphi, c_2k_2 < \lambda k_2 + \varphi$ 时,$(0,1)$为系统的演化稳定点。群体2中成员知识转移行为所能获得的奖励与不进行知识转移行为的惩罚之和大于知识转移成本,即群体2中成员进行知识转移能够带来额外收益,那么经过多次博弈后,群体2中将会有更多的成员参与知识流动。在组织制度较完善的情况下,群体1中由于成员间协同创新能力水平过低,不能达到群体

成员对知识流动的期望下限,群体成员知识转移成本不能得到补偿,经过长时间演化,成员将更倾向于选择知识不转移策略。在该情形中,研发团队具有较为完善的知识转移激励奖惩制度,但因成员间可能存在知识互补性差、合作创新水平低、协同效益不显著等现象,经过长时间博弈后,团队整体不会呈现高度协作,选择知识转移策略的成员比例将收敛于一个常数,即只有一部分成员参与知识流动。这说明对于制造企业研发团队来说,在建立和完善知识转移组织制度的同时,还需塑造良好的团队知识沟通与协作氛围与平台,保持团队成员间的异质性,不断提高成员协作创新能力,持续增强研发团队的生命活力。动态演化过程如图 3.3 所示。

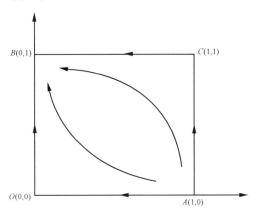

图 3.3 $c_1k_1 > \gamma_1 k_1^m k_2^n + \lambda k_1 + \varphi, c_2k_2 < \lambda k_2 + \varphi$ 时系统演化相位图

情况 3 $c_1k_1 < \lambda k_1 + \varphi, c_2k_2 > \gamma_2 k_1^m k_2^n + \lambda k_2 + \varphi$ 时,$(1,0)$ 为系统的演化稳定点。群体 1 中成员选择知识转移策略所获得奖励与选择知识不转移策略所带来的惩罚之和大于进行知识转移所要付出的成本,则该群体中将会有越来越多的成员选择知识转移策略。群体 2 中成员知识转移创造的协同收益与组织制度都不能补偿成员知识转移成本,那么群体 2 中成员会逐渐倾向于选择知识不转移策略。该情形本质上与情形 2 相同,尽管具有较完善的组织制度,没有良好的协作创新水平,在持续一段时间的博弈后,最终会有一部分团队成员选择知识转移策略,一部分团队成员选择知识不转移策略,参与知识流动的成员比例会趋于一个固定值。动态演化过程如图 3.4 所示。

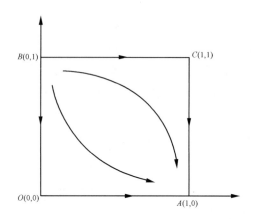

图 3.4 $c_1k_1 < \lambda k_1 + \varphi, c_2k_2 > \gamma_2 k_1^m k_2^n + \lambda k_2 + \varphi$ 时系统演化相位图

情况 4 $c_1k_1 < \gamma_1 k_1^m k_2^n + \lambda k_1 + \varphi, c_2k_2 < \gamma_2 k_1^m k_2^n + \lambda k_2 + \varphi$ 时,(1,1)为系统的演化稳定点。群体 1、2 中成员进行知识转移的协同效益与组织奖励惩罚制度之和大于知识转移成本,团队成员均能获得额外净收益,经过长时间博弈后,两个群体中的全部成员将均选择知识转移策略,研发团队呈现高度协作状态,知识在团队中持续稳定地流动,这是研发团队所追求的理想状态。要维持这种状态,组织不但要建立良好的知识转移奖惩制度,保持组织内部持续知识流动的动力,还要不断优化团队成员的知识协作水平,这也是研发团队存在的根本意义所在,另外,团队成员间知识共享成本因素也尤为关键,在组织内部应提供良好的知识交流互动途径与平台。动态演化过程如图 3.5 所示。

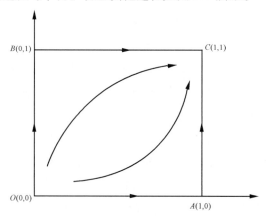

图 3.5 $c_1k_1 < \gamma_1 k_1^m k_2^n + \lambda k_1 + \varphi, c_2k_2 < \gamma_2 k_1^m k_2^n + \lambda k_2 + \varphi$ 时系统演化相位图

3.3.3 基于前景理论的条件分析

制造企业研发团队知识转移活动的最佳状态是团队成员均积极参与开展知识转移活动,最大限度地促进团队内部知识持续流通。由基于演化博弈的局部稳定性分析可知,演化系统实现理想最终稳态的目标需要满足条件:$c_i k_i < \gamma_i k_i^m k_j^n + \lambda k_i + \varphi$。该约束条件说明在制造企业研发团队内部,当博弈双方均选择知识转移行为的情况下,成员间的协同收益和组织的奖惩收益要大于选择知识转移策略的成本,即知识转移成本越低、知识协同收益越高、不进行知识转移情况下惩罚力度越大、进行知识转移情况下奖励收益越高,越有利于演化系统收敛于最理想稳态(转移,转移)。

然而,前景理论效应和风险感知差异的存在可能导致系统更难以收敛于均衡点 $E(1,1)$。根据前景理论可知,决策者在进行行为选择时存在"反射效应""损失规避效应""迷恋小概率事件效应"。

首先,制造企业研发团队内部知识转移博弈过程的复杂性和不确定性特征,使得团队成员容易产生认知偏差。按照认知心理学的实验解析,当行为者的信息加工能力具有局限性时,其判断和决策就会产生偏差。且根据前景理论的"损失规避"效应可知,行为主体往往对损失更加敏感,当 $u_i < 0$ 时,$v(u_i)$ 具有凹函数的特征。因此,制造企业研发团队内部知识转移的复杂性和不确定性容易使得决策者高估开展知识转移行为的成本,实际知识转移行为成本小于感知的行为成本,即 $v(C'_i) > C'_i$,其中 C'_i 为研发团队成员 i 选择知识转移策略时实际产生的成本。当制造企业研发团队成员积极开展知识转移时,该行为的发生概率为 $p_i = 1$,根据假设 1 和前景理论的"损失规避"效应,可知:

$$\begin{aligned} C_i &= \pi(p_i)v(C'_i) + \pi(1-p_i)v(0) \\ &= \pi(1)v(C'_i) + \pi(0)v(0) \\ &= v(C'_i) > C'_i \end{aligned} \tag{3-37}$$

其中,C_i 为研发团队成员 i 选择知识转移行为时对所产生的成本的感知价值。

即在制造企业研发团队知识转移活动中,团队成员对实行积极知识转移策略的成本感知价值要大于实际知识转移成本,这一现象不利于研发团队知识转移演化网络向理想稳态收敛。

其次,根据前景理论的"损失规避"效应,制造企业研发团队成员在对策略选择价值进行判断时,容易低估博弈双方均选择知识转移策略情况下的协同收益价值与组织奖励的收益价值,当 $u_i>0$ 时,$v(u_i)$ 具有凸函数的特征,$v(B'_i)<B'_i$,$v(D'_i)<D'_i$,其中,B'_i,D'_i 分别表示博弈双方均选择知识转移策略时成员 i 的实际知识协同收益与组织奖励收益。

当制造企业研发团队成员积极开展知识转移时,该行为的发生概率为 $p_i=1$,根据假设1和前景理论的"损失规避"效应,可知:

$$\begin{aligned}B_i &= \pi(p_i)v(B'_i)+\pi(1-p_i)v(0)\\&=\pi(1)v(B'_i)+\pi(0)v(0)\\&=v(B'_i)<B'_i\end{aligned} \quad (3-38)$$

$$\begin{aligned}D_i &= \pi(p_i)v(D'_i)+\pi(1-p_i)v(0)\\&=\pi(1)v(D'_i)+\pi(0)v(0)\\&=v(D'_i)<D'_i\end{aligned} \quad (3-39)$$

其中,B_i,D_i 分别表示博弈双方均选择知识转移策略时成员 i 对知识协同收益的感知价值和对组织奖励收益的感知价值。

即在制造企业研发团队知识转移活动中,团队成员对知识协同收益与组织奖励收益的感知价值均小于实际值,不利于系统向理想稳态收敛。

再次,根据前景理论的"反射效应",人们对于获得和损失的偏好是不对称的,当面对可能损失的前景时,有风险追求的倾向[179]。对于制造企业研发团队知识转移的决策主体而言,当面对确定性损失(知识转移成本)时,团队成员作为有限理性决策主体更倾向于风险偏好,宁可放弃积极开展知识转移所发生的确定性成本支出,而倾向于冒险选择消极知识不转移策略,选择面对不确定的处罚,使得系统难以收敛于均衡点 $E(1,1)$。

最后,根据前景理论的"小概率"效应,制造企业研发团队成员在对策略选择价值进行判断时,容易存在侥幸和乐观偏见。乐观偏见表现为一种非现实的乐观主义,认为自己比一般人更少遭遇消极事件[180][181]。知识转移行为决策者的乐观偏见使得双方在明知选择消极的知识不转移策略可能带来组织惩罚损失的情况下,依然寄希望于偶然不发生风险损失,导致容易低估消极知识不转移行为所可能导致的组织处罚概率。因此不利于系统最终收敛于均衡点 $E(1,1)$。

显然,上述情形的综合作用会使得制造企业研发团队内部成员知识转移的成本被高估,知识协同收益、组织奖励收益与组织惩罚概率被低估,且博弈双方存在偏好冒险选择知识不转移策略的倾向,导致制造企业研发团队内部持续稳定开展知识转移活动的条件难以得到满足。即在现实制造企业研发团队知识转移过程中,即使满足了传统博弈视角下关于知识转移条件的初步分析结果,成员的有限理性与风险感知差异性依然会使得知识转移系统难以达到理想的稳定状态。这也是现实中制造企业研发团队内部对知识持续流通问题重视程度不足、采取消极策略现象难以杜绝的原因。

3.4 制造企业研发团队内部知识持续转移的有效条件

通过对制造企业研发团队内部知识转移的静态博弈、重复博弈、演化博弈三个层次上的分析可以得出,影响知识转移稳定性的主要因素有:知识转移直接收益、知识聚合收益、知识协同收益、组织激励奖惩制度、知识转移成本及成员对收支风险感知偏差等。其中,制造企业研发团队知识转移的制度保障、成员间的协同创新收益、知识转移成本及风险感知是四个关键的因素,即成员间出色的合作和协同创新能力、完善的团队制度、较低的知识转移成本及客观的收支价值判断是保证制造企业研发团队内部持续稳定开展知识转移活动的有效条件。

针对上述关键因素,提高制造企业研发团队满足知识持续稳定转移条件有效性的途径在于改变双方对于知识转移成本、知识协同收益、组织奖励收益和处罚力度的心理感知。下面对制造企业研发团队内部知识转移的有效条件展开分析。

首先,降低知识转移成本及其主观价值判断。利用前景理论,加强对知识转移过程复杂性和不确定性的认知,使得研发团队成员对知识转移成本感知价值的主观判断更加合理与准确。同时提升研发团队成员的知识编码、传授与学习能力,优化知识交流与共享平台,以降低知识转移成本支出。

其次,提高知识协同收益及其主观价值判断。加强团队对知识转移方式、方法与过程的深入学习与宣传,对知识转移活动的重要价值形成更全面和清晰的认识,充分了解知识转移活动所产生的积极影响范围和程度。同时,塑造良好的团队知识沟通与协作氛围和平台,保持团队成员间的异质性,不断增强成员的协作创新能力,以提高团队成员间的协同创新绩效。

最后,提高研发团队激励奖惩力度及其主观价值判断。通过强化知识转移工作审查和监督,对造成不良后果的消极行为,从经济、声誉、资质等综合角度加强惩处力度,对为团队知识转移活动做出突出贡献的积极行为,从职位晋升、财务奖励、荣誉表彰、潜在机会等角度加强奖励力度,以提高团队成员对组织奖励和惩罚的价值感知,增强团队成员知识转移意愿。

3.5 本章小结

本章分析了制造企业研发团队持续进行知识转移的条件。通过对制造企业研发团队知识转移的静态博弈、重复博弈、演化博弈三个层次的分析得出,制造企业研发团队知识转移的制度保障、成员间的协同创新收益、知识转移成本及风险感知是四个关键的因素,即成员间出色的合作和协同创新能力、完善的团队制度、较低的知识转移成本及客观的收支价值判断是制造企业研发团队内部知识持续流动的重要保障。知识转移发生和持续进行是其他相关研究的前提,对知识转移活动的系统研究首要考虑的便是其能够顺利进行的条件,通过对制造企业研发团队知识转移活动持续稳定开展的条件进行分析,初步揭开了制造企业研发团队内部知识转移"黑箱",为进一步深入研究知识转移问题指明了方向。

第4章 制造企业研发团队内部知识转移的情景分析

根据本研究的理论框架,本章进一步解决制造企业研发团队内部知识转移嵌入情景问题——"WHERE"。采用动态研究范式,首先,基于对制造企业研发团队的深入实地调研,剖析制造企业研发团队内部嵌入网络情景的特征;其次,结合知识协同理论与社会网络理论,在实际网络情景基础上运用多Agent建模思想及计算机仿真技术模拟制造企业研发团队内部社会网络结构及团队成员间的关系演变,探究制造企业研发团队内部知识转移所嵌入网络情景的动态演变过程;最后,运用多元回归分析法初步探析制造企业研发团队内部社会网络情景对知识转移效果的作用机理。

4.1 团队内部社会网络情景的界定及衡量

4.1.1 团队内部社会网络情景的界定

社会网络是由关系网络及嵌入其中的行动者共同组成的,且行动者的态度、认知、行为倾向在一定程度上受网络结构的影响与限制[185]。团队社会网络是指团队成员间及团队成员与外部相关行动者间因正式或非正式关系而形成的网络结构[185][186]。团队社会网络重点在于"关系"的联结,而非行动者自身的特征。团队社会网络的分类见表4.1。

表4.1 团队社会网络的分类

分类依据	种类	解释
根据团队边界分类[186]	团队内部社会网络	团队内部成员之间联结而成的网络
	团队外部社会网络	团队间或部门间联结而成的网络

续表

分类依据	种类	解释
根据社会 网络形态 分类[187][188][189]	工具性团队社会网络	咨询网络属于典型的工具性网络，通常产生于工作需求
	情感性团队社会网络	友谊网络属于情感性网络，一般基于频繁交流而形成

在团队中，成员间由于工作或情感需求而相互关联，长此以往便形成团队成员行为始终嵌入其中的团队内部社会网络情景。该复杂关系网络情景的主要特性在于"网络结构"影响的"能动作用"，团队内部行动者间的联结因受团队内部正式的组织架构、规章制度及工作要求的影响与限制，而产生被迫互动关系，同时由于行动者间频繁交互，在正式联结过程中也伴随着非正式自愿联结的建立，从而使团队内部行动者间形成多重互动关系。

4.1.2 团队内部社会网络情景的衡量指标

从"研究单位"的角度讲，社会网络分析主要有整体网络和个体网络两大研究领域[190]。整体网络(whole network)分析关注整体结构性质，探讨整体网络的规模、密度、度数中心势、中间中心势、开放程度等特征指标；个体网络(ego-centric network)分析则重点研究个体与网络之间的相互影响关系，包括点的度数中心度、点的中间中心度、网络异质性、网络密度、网络联结强度等。同时，团队社会资本也主要来源于团队整体网络与正式领导(核心行动者)的个体网络两个渠道[186]。因此，本研究从两个层面对团队内部社会网络情景进行测量：团队整体网络与正式领导的个体网络。参照学者彭伟等[191]关于团队社会网络的研究结论，结合整体网络分析和个体网络分析两种研究观点，本研究将团队整体网络测量指标确定为团队网络密度、团队网络平均距离、团队网络中心性及团队网络结构洞；将正式领导社会网络测量指标确定为正式领导中心性与正式领导结构洞。测量指标的计算公式如下。

① 团队网络密度：团队网络密度也称团队关系强度，即团队成员间关系的平均强度。用公式表示为 $den = \dfrac{2m}{n(n-1)}$，其中 m 指该网络中包含的实际关系数，n 表示该网络的节点数。

② 团队网络平均距离：在整体网络中，两点之间的距离不同于个体网络中的距离，也不同于当代社会中人们之间越来越远的心理距离概念，而是指二者之间在图论或者矩阵意义上最短途径的长度。本研究采用二者之间至少可通

过多少条边关联在一起作为两点之间的距离。平均距离越小,说明整体网络越具有凝聚力[195]。团队网络平均距离公式可表示为

$$dis = \frac{2\sum_{k=1}^{\frac{n(n-1)}{2}} D_{ij}}{n(n-1)}$$

其中i与j分别表示团队中的两个成员,D_{ij}表示点i与点j之间的距离,即两点至少可以通过多少条边关联在一起。

③ 团队网络中心性:中心性是社会网络分析研究的重点之一,有中心度和中心势之分。中心度特指为点的中心度,测量个体在整体网络中的权力;中心势特指作为一个整体的图的中心度,测量一个图在多大程度上围绕某个或某些特殊点构建起来[196]。

中心度可分为三种类型,分别为度数中心度、接近中心度、中间中心度。其中,点的度数中心度是指与该点直接相连的其他点的个数,一般用C_{ADi}表示。点的接近中心度是指该点与图中所有其他点的捷径距离之和,其测量公式可表示为$C_{APi} = \sum_{j=1}^{n} d_{ij}$,其中$d_{ij}$是点$i$和点$j$之间的捷径距离(即捷径中包含的条数)。中间中心度测量的是行动者对资源控制的程度,即如果一个点处于许多点对的捷径(最短的途径)上,说明该点具有较高的中间中心度,其测量公式为$C_{ABi} = \sum_{j}^{n} \sum_{k}^{n} b_{jk}(i), j \neq k \neq i$,且$j < k$,其中$b_{jk}(i) = \frac{g_{jk}(i)}{g_{jk}}$称为点$i$相对于点$j$和点$k$的中间度,表示第三个点$i$能够控制点$j$和点$k$交往的能力($i$处于点$j$与点$k$之间的捷径上的概率),$g_{jk}$表示点$j$和点$k$之间存在的捷径条数,$g_{jk}(i)$表示点$j$和点$k$之间存在的经过第三个点$i$的捷径数。为了比较不同图中点的中心度大小,三种类型的中心度又分别可分为绝对中心度和相对中心度。

中心势分为度数中心势、中间中心势与接近中心势。度数中心势最常用来衡量团队整体网络的中心性[194],表示团队社会网络中的集权情况,即团队内部互动集中在少数人的情况。用公式表示为

$$cadm = \frac{\sum_{i=1}^{n}(C_{AD\max} - C_{ADi})}{(n^2 - 3n + 2)}$$

其中$C_{AD\max}$表示该网络图中各个点的最大中心度的值。

④ 团队网络结构洞:结构洞表示两个行动者间的非冗余关系[198]。对结构

洞的测量存在两类指标,一类是 Burt 本人给出的结构洞指数[198],另一类是中间中心势指数。团队网络结构洞主要衡量团队中存在结构洞的可能性[199]。由于结构洞的中间人往往占据关键位置,因此,我们用中间中心势来测量团队整体网络的结构洞。该指标值越高,表示少数人垄断与操控团队关键知识与信息的可能性越高。用公式表示为

$$cb = \frac{\sum_{i=1}^{n}(C_{ABmax} - C_{ABi})}{(n^3 - 4n^2 + 5n - 2)}$$

其中 C_{ABmax} 表示网络中点的中间中心度达到的最大值。

⑤ 正式领导中心性(点的相对度数中心度):正式领导中心性用于衡量正式领导在团队网络中的重要程度,衡量正式领导职务的地位优越性或特权性,以及社会声望等。正式领导对于团队具有重要的作用,且正式领导的有效程度受其所在情境的控制。因此,在研究个体网络时,应将重点放在对正式领导的结构特征研究上[200][201][202]。正式领导中心性越高,表示正式领导对团队的影响力越大。通常用点的相对度数中心度表示,用公式表示为 $crd = \frac{C_{ADi}}{n-1}$,其中,$C_{ADi}$ 为点 i 的绝对度数中心度,即与 i 点直接相连的点数,n 表示该网络中节点的个数。

⑥ 正式领导结构洞:正式领导结构洞测量在特定网络结构中,正式领导处在关键枢纽位置的程度,即衡量正式领导是否在团队中承担协调的工作。有研究发现,正式领导的强协调能力对团队成长与绩效具有重要推动作用[200]。往往用点的相对中间中心度来表示,公式为

$$crb = \frac{2C_{ABi}}{n^2 - 3n + 2}$$

4.1.3 知识转移效果的衡量指标

将知识活动纳入社会网络中进行研究的理论依据是经济主体行为总是嵌入在实际社会联结系统中[203]。知识转移是在受控情境中,知识从源单元到接受单元的传播过程[204],进而减小知识在组织内或组织间的分布不均匀程度并促进共同发展[205]。为便于计算机仿真及系统分析,结合知识转移相关理论研究,本研究运用平均知识增长率和知识离散系数两个指标来衡量团队内部知识转移效果[206][207]。平均知识增长率 ρ_t 能够描述在 t 时刻团队内部知识转移的整体情况,该值越大,说明团队进行知识交流的程度越高;知识离散系数 V_t 能够

反映团队知识分布的均匀化程度,该值越小,说明团队进行知识转移的绩效越高。计算公式为

$$\rho_t = \frac{\frac{1}{N_{t+1}}\sum_{i \in n_{t+1}} v_{i,t+1}}{\frac{1}{N_t}\sum_{i \in n_t} v_{i,t}} - 1 \tag{4-1}$$

$$V_t = \frac{\sqrt{\frac{1}{N_t}\sum_{i \in n_t} v_{i,t}^2 - \left(\frac{1}{N_t}\sum_{i \in n_t} v_{i,t}\right)^2}}{\frac{1}{N_t}\sum_{i \in n_t} v_{i,t}} \tag{4-2}$$

其中,ρ_t 表示 t 时刻团队内部网络中平均知识增长率;V_t 表示 t 时刻团队内部网络中知识离散系数;N_t 表示 t 时刻团队内部网络的节点数;$v_{i,t}$ 表示节点 i 在时刻 t 的知识存量。

4.2 制造企业研发团队内部知识转移网络情景的生成

社会网络理论主要研究嵌入在网络中的行动者行为、行动者间的关系特征及网络整体结构。社会网络分析法(SNA)是一种研究社会结构、组织系统、人际关系、团体互动的概念与方法[208],为社会网络分析提供了直观可视化的定量研究技术[190][209][211]。本节利用社会网络分析法得到 D 制造企业研发团队内部知识转移网络情景:首先通过访谈、问卷调查等方式获取目标网络中行动者之间的关系数据;然后将关系数据整理成 0-1 矩阵;再运用社会网络分析方法及其分析软件对 0-1 矩阵进行处理与分析,便得到可视化图形和网络情景特征指标。

4.2.1 制造企业研发团队内部知识转移网络情景的数据获取

为充分了解制造企业研发团队内部知识转移网络嵌入情景的实际状况,笔者于 2015 年 3-4 月份,对某大型制造企业(D 制造企业)研发部门进行了深入调研。该部门由 46 名成员组成,分为 5 个小团队,以不同项目为工作任务,在研发过程中形成了一定的知识交流关系。本次调研采用问卷调查与访谈调查两种方式,由于本研究涉及整体社会网络分析,需要所有行为者彼此间的关系资料,而且问卷不可能匿名,这大大增加了资料收集的难度。笔者在问卷设计中将团队成员进行编号,尽量遵循行动为主、嵌入情境的原则。问卷设计主要涉及"在工作中遇到困难时,您和哪些伙伴交流比较多?""在工作中遇到困难时,哪些伙伴会主动提供帮助?""您愿意和哪些伙伴探讨私事?""您和哪些伙

伴经常一起吃饭?"等问题。

4.2.2 制造企业研发团队内部知识转移网络情景图的绘制

整理问卷结果,以团队成员间发生知识交流与否为依据建立一个 46×46 的邻接矩阵 X_{ij},其中 X_{ij} 表示团队成员 i 与 j 的关系,若成员 i 与 j 之间有知识交流,则 $X_{ij}=1$,否则 $X_{ij}=0$。通过应用社会网络分析方法(SNA)及其常用分析软件 Ucinet 6.212 对搜集数据进一步处理,得到研发团队内部知识转移网络情景图谱,如图 4.1 所示。

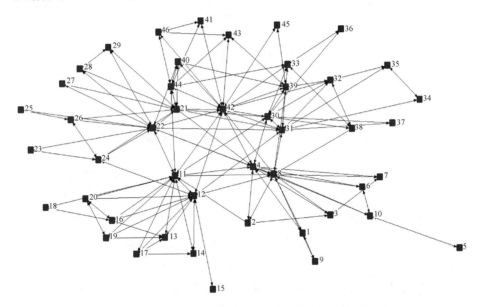

图 4.1 D 制造企业研发团队内部知识转移网络情景图谱

4.2.3 制造企业研发团队内部知识转移网络情景的结构分析

观察图 4.1,在该研发团队内部社会网络中,编号为 42 的节点处于网络的非正式领导位置,编号为 8、11、12、21、22 等的节点处于网络信息流通枢纽位置,而编号为 1、9、15、18、23 等的节点则网络联结较少,信息流通相对闭塞,即网络中各节点的联结状况差异性较大。通过运用 Ucinet 软件对该研发团队内部网络进行社会网络分析,得到衡量团队内部社会网络情景结构的特征变量值见表 4.2。在 46 个节点的团队内部网络中,团队整体网络密度为 0.354 7;团队网络平均距离为 1.216,建立在"距离"基础上的凝聚力指数为 0.892,该指数值较高,说明该整体网络具有较强的凝聚力;整体网络的度数中心势为 0.275 8,表明整体网络在一定程度上具有向少数点集中的趋势;整体网络的标准化中间中心势为 0.177 6,说明在该网络中有少数人垄断团队关键知识或信息的可能性;网络正式领导中心性(点的相对度数中心度)为 0.377 8;网络正式领导结构洞(点的相对中间中心度)为 0.413 4,说明正式领导与非正式领导角色重叠程度较高。上述分析说明,D 制造企业研发团队内部知识转移网络情景具有明显的无标度网络特性。

表 4.2 D 制造企业研发团队内部知识转移网络结构特征

团队网络密度	团队网络平均距离	凝聚力指数	团队网络中心性	团队网络结构洞	正式领导中心性	正式领导结构洞
0.354 7	1.216 0	0.892 0	0.275 8	0.177 6	0.377 8	0.413 4

4.3 制造企业研发团队内部知识转移网络情景的动态仿真

为进一步探究制造企业研发团队内部知识转移网络嵌入情景的动态演变过程,本节根据多 Agent 仿真建模思想,借助 Netlogo 仿真平台,对制造企业研发团队内部社会网络情景进行动态仿真。按照 Maslov 等[212]的规则与实际网络的拓扑结构特征重连原始的 D 制造企业研发团队内部网络,形成新网络情景,记为重连网络情景(结点数、正式领导与实际网络相同,网络结构与实际网络不同)。虽然重连网络具有一定随机性,但都具有无标度网络特性。

4.3.1 制造企业研发团队内部知识转移网络情景仿真的参数设定

假设初始状态所有节点的知识存量均为 1,即 $v_1 = v_2 = \cdots\cdots = v_n = 1$,用 α、β、γ 分别表示知识缄默性调节系数、节点知识转移意愿调节系数、节点知识转移能力调节系数,且 $-1 < \alpha < 1$,$-1 < \beta < 1$,$-1 < \gamma < 1$,皆可在 $-1 \sim 1$ 范围内随机取值;团队成员数量 $N = 46$;团队网络密度、团队网络平均距离、团队网络中心性、团队网络结构洞、正式领导中心性、正式领导结构洞六个描述团队整体与个体网络情景的指标变量是在实际团队网络情景结构的基础上分别取初始化网络情景的整体密度、平均距离、图的度数中心势、图的中间中心势及正式领导的度数中心度、中间中心度等。

4.3.2 制造企业研发团队内部知识转移网络情景仿真的交互规则

团队内部社会网络情景下,成员之间的工作与情感沟通极其复杂,本研究基于社会网络已有理论与仿真建模思想尽量使仿真实验过程与实际情境接近。按照亲近度差异的偏好来建模[213],用社会网络成员之间的距离差值来表示人员亲近度差异,其中距离表示点与点之间至少通过多少边联结。

每次仿真,每位团队成员执行三种行为:知识转移接受方的成员选择行为、改变知识存量、新关系的建立。这些行为按以下规则来进行。

第一,知识转移接收方的成员选择行为:在社会网络情景中,知识只会在已经建立联结的团队成员间进行流通,没有关系联结的成员间没有直接知识交流活动。

第二,知识存量的变化:已经建立联结的成员间的知识交流活动不是必然发生的,有一定的概率 $p(i,j)$ 相互影响而改变各自知识存量,

$$p(i,j) = \frac{\frac{1}{D_{ij}}}{\sum_{j=1}^{N} \frac{1}{D_{ij}}} (i \neq j)$$

当知识转移发生时,知识存量高的一方 j 对低的一方 i 造成的知识增量,

$$v(i,j) = \frac{\alpha v_j}{D_{ij}} + \frac{\beta v_i^{m_1} v_j^{n_1}}{D_{ij}} + \frac{\gamma v_i^{m_2} v_j^{n_2}}{D_{ij}}$$

其中,v_i、v_j 分别为主体 i、j 当前的知识存量,m_i、$n_i (i=1,2)$ 分别表示主体 i、j 知识存量的弹性系数,且 $m_i, n_i > 0, m_i + n_i = 1 (i=1,2)$。

第三,新联结的建立:由于工作与社会关系,随着时间的推移,实际网络中会有新联结形成。根据复杂社会网络理论,并参照学者黄玮强等[214]的研究,在 N 个节点的社会网络中,任意两个节点相连的概率为

$$p_l = \frac{1}{N-1} \sum_{i=1}^{N} \frac{C_{ADi}}{N}$$

对主体进行初始化后,按照上述行为规则,网络结点进行不断交互,社会网络情景结构与结点知识存量随着时间推移发生变化,以此反映知识转移情况。

4.3.3 制造企业研发团队内部知识转移网络情景的仿真结果

将时间步长 t 设为300,对实际网络情景及重连网络情景进行仿真实验。图4.2显示对某网络情景进行仿真前后的社会网络形态($\alpha = -0.3, \beta = 0.7, \gamma = 0.4$),图4.2(a)是运行前的团队内部社会网络情景形态,从网络情景形态可以看出节点分布较分散且节点间联结较少;按照交互规则进行仿真后,该团队内个体建立了更多的网络联结,节点的联结状况表现出明显的异质性,非正式领导与普通成员在网络中的布局呈现出清晰的差异性,形成新的网络情景,见图4.2(b)。

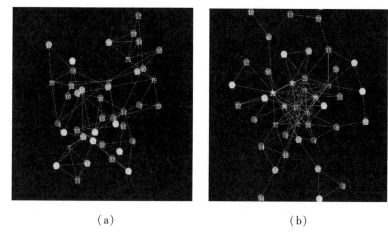

图 4.2 某次仿真结果:团队内部社会网络形态

图 4.3 表示某重连网络情景仿真过程中网络情景特征随时间的动态演变情况。可以看出,随着时间推移,研发团队成员首先根据个人偏好进行相互联结选择,该阶段网络情景特征波动较大,经过一段时间磨合后,研发团队内部成员间便形成稳定的正式或非正式关系,继而网络结构特征逐渐趋于稳定。图 4.4、图 4.5 分别表示某重连网络情景仿真过程中团队平均知识增长率 ρ_t 及知识离散系数 V 随时间的波动情况,可以看出,ρ_t、V_t 随着仿真时间的推移,总体趋势先增大后趋于稳定,即在团队内部社会网络情景结构不断变化时,团队知识转移效果也随着变化,在团队内部社会网络情景结构稳定后,所有结点在网络中的工作职位基本稳定,团队内部成员间保持稳定的知识存量差异性,同时,团队整体知识存量保持稳定增长趋势。这说明,随着网络情景的演变,网络情景特征的变化可能在一定程度上影响研发团队内部知识转移效果。

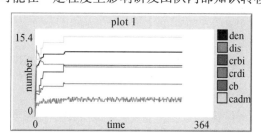

图 4.3 某次仿真结果:团队内部社会网络特征

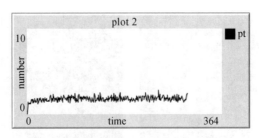

图 4.4　某次仿真结果：平均知识增长率

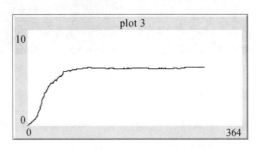

图 4.5　某次仿真结果：知识离散系数

4.4　制造企业研发团队内部网络情景对知识转移效果的影响

根据动态系统理论,动态仿真主要关注主体行为随着时间改变而演化的过程。为更全面地认识制造企业研发团队内部知识转移网络嵌入情景,本节进一步利用仿真数据探究制造企业研发团队中,社会网络情景对知识转移效果的影响。首先从大量的仿真试验中输出 500 个初始化网络结构的仿真结果数据(每个网络的仿真结果数据皆是两次仿真实验的平均值,以控制实验结果的随机性),然后结合逐步多元分析法与强迫进入变量法,根据研究规划的相关理论安排变量优先投入顺序[215],运用 SPSS 软件对整体模型进行多元回归分析。结果见表 4.3、表 4.4。

表 4.3　团队内部社会网络与平均知识增长率间的回归分析

变量	M1	M2	M3	M4	M5	M6
den	8.823**	8.051**	7.899*	5.013*	4.895*	3.903*
den^2	−5.502**	−4.670*	−4.269*	−5.997*	−5.245*	−4.973*
$cadm$		0.872*	0.859*	0.772*	0.780*	1.002*
$cadm^2$		−3.076*	−3.031*	−3.001*	−0.367*	−0.305*
cb			10.301*	10.122*	13.506*	12.009*

续表

变量	M1	M2	M3	M4	M5	M6
cb^2			-10.108*	-11.127*	9.091*	-14.282*
dis				-1.535*	-1.448*	-1.319*
dis^2				-5.317*	-4.281*	-3.227*
crd					0.863	0.792
crd^2					-0.782	-0.617
crb						0.220*
crb^2						-0.201
R^2	0.239	0.592	0.618	0.732	0.719	0.881

注:**表示在$P<0.01$水平下显著,*表示在$P<0.05$条件下显著;表中所列数据为标准化回归系数。

表4.4 团队内部社会网络与知识离散系数间的回归分析

变量	M1	M2	M3	M4	M5	M6
den	-7.792*	-7.002*	-6.233*	-5.134*	-4.788*	-4.001*
den^2	6.223**	5.371*	4.528*	4.022*	4.338*	5.077*
$cadm$		-0.779*	-0.758*	-0.690*	-0.691*	-0.651*
$cadm^2$		4.076*	4.003*	3.877*	0.610*	0.593*
cb			-9.331*	-9.124*	-8.905*	-8.633*
cb^2			9.857*	10.045*	9.448*	12.382*
dis				1.662*	1.388*	1.307*
dis^2				4.981*	4.183*	3.711*
crd					-0.791	-0.667
crd^2					0.682	0.591
crb						-0.350*
crb^2						0.221
R^2	0.301	0.399	0.598	0.688	0.601	0.892

注:**表示在$P<0.01$水平下显著,*表示在$P<0.05$条件下显著;表中所列数据为标准化回归系数。

表4.3表示团队内部社会网络情景与平均知识增长率之间的回归关系。从M1中可以看出,$\beta_{den}=8.823$,$P<0.01$;$\beta_{den^2}=-5.502$,$P<0.01$;$R^2=0.239$。

这表明团队网络密度与团队网络密度的平方均和平均知识增长率显著相关,且分别为正相关、负相关关系,同时二者对平均知识增长率的解释力为 0.239。这说明团队网络密度与平均知识增长率之间不是简单的线性关系,而是倒"U"型相关关系,即团队网络密度应尽量维持适中水平,若过高,反而会阻碍知识转移进度。在 $M1$ 的基础上加入团队网络中心及团队网络中心性的平方,形成 $M2$,可以看出,二者对平均知识增长率均有显著影响,其中团队网络中心性与平均知识增长率之间呈正相关,而团队网络中心性的平方与平均知识增长率之间呈负相关($\beta_{cadm} = 0.872, P<0.05; \beta_{cadm^2} = -3.076, P<0.05$),同时,该模型对因变量的解释能力得到增加($R^2 = 0.592$),从而说明团队网络中心性与平均知识增长率之间呈倒"U"型相关,即团队内部社会网络中心性程度应适中,过于集权可能会降低知识转移效率。在 $M3$ 中加入了变量团队网络结构洞与团队网络结构洞的平方,可以看出,二者对平均知识增长率均有显著影响力,且分别为正相关、负相关($\beta_{cb} = 10.301, P<0.05; \beta_{cb^2} = -10.108, P<0.05$),同时该模型对平均知识增长率的解释力增加至 0.618,从而说明团队网络结构洞与平均知识增长率之间呈倒"U"型相关,即若少数人承担过多中介任务,可能会减弱网络稳定性,降低知识转移效率。在 $M4$ 中加入了变量团队网络平均距离及其平方($\beta_{dis} = -1.535, P<0.05; \beta_{dis^2} = -5.317, P<0.05, R^2 = 0.732$),团队网络平均距离及其平方均与平均知识增长率呈显著负相关,且使模型解释能力得到加强,即团队网络平均距离与平均知识增长率之间也呈倒"U"型相关。在 $M5$ 中加入了变量正式领导中心性及其平方,可以看出,正式领导中心性对平均知识增长率的影响并不显著($\beta_{crd} = 0.863, \beta_{crd^2} = -0.782$),且使模型解释能力有所下降($R^2 = 0.719$),说明正式领导的集权程度不是平均知识增长率变动的重要因素。在 $M5$ 的基础上,加入正式领导结构洞及其平方,形成 $M6$,可以看出,正式领导结构洞对平均知识增长率有显著影响($\beta_{crb} = 0.220, P<0.05$),而正式领导结构洞的平方与平均知识增长率之间的相关性并不显著($\beta_{crb^2} = -0.201$),即正式领导结构洞与平均知识增长率之间呈正相关关系,从而说明正式领导参与团队互不相连的部分对团队内部知识流通是有利的。该模型中同时包含了团队网络密度、中心性、结构洞、平均距离及正式领导中心性、结构洞,其中团队网络密度、中心性、结构洞、平均距离及正式领导结构洞对平均知识增长率的影响均在 $P<0.05$ 水平下显著,且 $M6$ 的解释力达到最高($R^2 = 0.881$),说明这些团队情景特征能够同时显著影响团队知识转移进度。

表 4.4 表示团队内部社会网络情景与知识离散系数间的回归关系。从 $M1$ 中可知,团队网络密度与知识离散系数呈负相关($\beta_{den} = -7.792, P < 0.05$),团队网络密度的平方与知识离散系数呈正相关($\beta_{den2} = 6.233, p < 0.01$),即团队网络密度与知识离散系数呈"U"型相关,同时模型的解释能力为 0.301,从而说明过于稠密的团队网络密度可能存在大量冗余联结而使知识转移与交换成本增加,继而不利于提升团队知识转移绩效。从 $M2$ 中可看出,团队网络中心性与知识离散系数间亦呈"U"型相关($\beta_{cadm} = -0.779, P < 0.05; \beta_{cadm2} = 4.076, P < 0.05$),且模型的解释能力得到增加($R^2 = 0.399$),说明团队内部社会网络若具有过高的中心性反而弱化团队传递与获取知识的能力。从 $M3$ 中可知,团队网络结构洞与知识离散系数之间呈"U"型相关($\beta_{cb} = -9.331, P < 0.05; \beta_{cb2} = 9.857, P < 0.05$),且模型解释力增加至 0.598,说明少数人过度操控团队资源对知识转移绩效不利。在 $M4$ 中,加入了团队网络平均距离及其平方,可以看出,二者皆可显著影响知识离散系数,且平均距离与知识离散系数呈正相关($\beta_{dis} = 1.662, P < 0.05$),平均距离的平方与知识离散系数也呈正相关($\beta_{dis2} = 4.981, P < 0.05$),即团队网络平均距离与知识离散系数之间也呈"U"型相关,同时 $R^2 = 0.688$,说明维持适中长度的网络路径有助于知识传递与获取。在 $M5$ 中,加入了正式领导中心性及其平方,可以看出,二者对知识离散系数的影响并不显著($\beta_{crd} = -0.791, \beta_{crd2} = 0.682$),且模型解释力有所下降($R^2 = 0.601$),说明正式领导中心性对知识转移绩效贡献并不显著。在 $M6$ 中,加入了正式领导结构洞及其平方,可知,正式领导结构洞与知识离散系数呈显著负相关($\beta_{crb} = -0.350, P < 0.05$),而正式领导结构洞的平方对知识离散系数的影响并不显著($\beta_{crb2} = 0.221$),即正式领导结构洞与知识离散系数呈线性相关,同时是知识离散系数解释力最好的模型。在该模型中,团队网络密度、中心性、结构洞、平均距离及正式领导结构洞均与知识离散系数在 $p < 0.05$ 水平下显著相关,说明这些情景特征可同时显著影响知识转移绩效。

4.5 制造企业研发团队内部知识转移网络情景的分析结果

通过对制造企业研发团队内部知识转移的网络嵌入情景分析,发现以下结论。

第一,制造企业研发团队内部知识转移活动嵌入在团队内部社会网络情景中,该网络由团队成员及成员间的复杂关系构成;由于团队成员的知识存量、知识类型、非正式领导地位、联结状况存在明显异质性,该网络嵌入情景表现出明显的无标度网络特性;且随着时间推移,制造企业研发团队成员间需经过一段时间的磨合才会逐渐形成稳定的正式或非正式关系,继而形成相对稳定的社会网络情景结构,在稳定且具有无标度特性的网络情景中,研发团队成员间维持稳定的知识存量差异性,且研发团队整体知识存量保持稳定增长趋势。

第二,制造企业研发团队内部社会网络情景衡量指标中,网络密度、中心性、结构洞、平均距离均与平均知识增长率呈倒"U"型相关,与知识离散系数均呈"U"形相关;正式领导结构洞与平均知识增长率呈正相关,与知识离散系数呈负相关;正式领导中心性与平均知识增长、知识离散系数的相关关系均不显著,即制造企业研发团队内部社会网络情景对知识转移效果具有重要作用。在网络密度方面,制造企业研发团队内部较高的网络密度能够增加团队成员间信息交换与合作的机会,从而促进团队知识转移。但若团队成员间关系过近,可能会由于关系维系成本高、意见过于一致,或对成员与外部接触的限制而阻碍团队内新知识的获取,不利于团队内部知识互动,所以团队内部社会网络密度应尽量维持在中等水平。在网络中心性方面,制造企业研发团队网络中心性过低意味着成员间行为不协调,过于分权,不利于团队知识转移。而团队网络中心性过高意味着团队内部所有知识资源都来源于少数人,集权现象严重,会减弱团队内部知识异质性,从而不利于知识转移。因此,团队中既不能过于分权也不能过于集权。在网络结构洞方面,制造企业研发团队若存在过高比例结构洞对知识转移是不利的,只有在同时存在"小团体"和"中介人"的情况下,团队才会拥有非冗余的中介,才能使团队内进行高效的知识转移。在网络平均距离方面,在制造企业研发团队知识转移的过程中,既有显性知识的流动也有隐性知识的传递,团队内成员间近距离联结能够使团队成员间有更多交流机会与意愿,有利于隐性知识的传递,团队成员间远距离联结能够使团队成员接触到更多的异质性知识,所以团队成员间距离不在于有多近,而在于是否能够建立知识转移关键的桥梁。在正式领导方面,制造企业研发团队内部社会网络中应允许非正式领导的存在,而不是一味地将正式领导定位于团队中心位置。位于中介位置的领导通过跨越小群体的结构洞帮助整合团队资源,从而能够在避免信息冗余的同时使团队成员间相互联结。

4.6 本章小结

本章揭示了制造企业研发团队内部知识转移网络嵌入情景的特征与演变过程,并初步探查了情景对知识转移效果的影响。为保证研究真实性与动态性,本章首先对实际团队内部知识互动网络(D制造企业研发团队内部社会网络)结构进行社会网络分析,在此基础上,运用数值仿真与统计分析方法对团队内部知识转移情景进行全面剖析。研究结果显示:制造企业研发团队内部社会网络情景具有显著的无标度网络特性,且团队内部网络的整体结构特征与正式领导的个体网络特征均对知识转移效果具有显著影响。这为下文对制造企业研发团队内部知识转移演化过程与影响因素的深入分析奠定了研究基础,为进一步打开团队内部知识转移"黑箱"提供了重要理论指导。

第5章 制造企业研发团队内部知识转移的演化过程分析

在第3章确定了知识转移条件、第4章确定了知识转移情景的基础上,本章结合知识协同理论、复杂网络理论及演化博弈理论,运用数值仿真技术从微观视角系统研究制造企业研发团队中,个体知识转移条件被触发后,知识转移在网络情景中是如何演化的,以及具体过程如何——"HOW",从而进一步从微观网络视角认识制造企业研发团队内部知识转移的演化博弈过程。

5.1 制造企业研发团队内部知识转移的网络情景结构设定

根据复杂网络理论,个体间的实践接触并不是完全随机的或全耦合的,现实中大量系统嵌在社会系统中,显示出一定的拓扑统计特征,其演化博弈与网络结构间关系密切[217]。制造企业研发团队内部知识转移是在特定社会系统背景下,通过团队成员间的非线性作用机制(如互动、协同、竞争、促进等)来实现创新观点和信息在团队中的扩散过程。根据第3章关于制造企业研发团队知识转移的条件分析,成员间知识转移过程实际上是团队成员间进行博弈的过程;根据第4章关于制造企业研发团队知识转移的情景分析,成员间知识转移是嵌入在团队内部社会网络中的,且该网络结构特征对知识转移效果具有显著影响。因此,从本质上看,这是一个以复杂网络为载体的演化过程。在这个复杂网络中,网络节点代表团队成员,网络中错综复杂的关系代表团队成员间的正式关系(如交易关系、工作关系等)或非正式关系(如个人情感关系、人际关系等)。

通过实地调研与资料查阅发现,制造企业研发部门往往存在多个研究小组,每个小组负责不同的任务,根据员工职能可分为部门领导者、小组负责人及组员。部门领导者与每个小组间均存在信息流通,对部门运作起着主导作用,而小组负责人与组员则在组内信息交流相对频繁,组间知识流动相对较少,整个研发团队的成员在知识存量、知识类型、成员间的关系联结状况等方面均具有较高异质性。这说明制造企业研发团队内部知识转移网络具有极强的无标度网络特性。另外,第4章对制造企业研发团队内部知识转移情景的社会网络分析结果也显示,该复杂关系网络具有显著的无标度网络特征。因此,制造企业研发团队内部知识转移的演化过程问题实际上是无标度网络上的演化博弈问题。故本章以无标度网络为载体研究制造企业研发团队知识转移演化过程。将网络规模分别设定为50、200与500个节点,以分析不同网络规模下的团队知识转移演化过程。图5.1、图5.2、图5.3为演化初期随机生成的无标度网络的二维效果图,分别为50个节点、200个节点与500个节点,节点表示团队成员,连线表示双方成员之间存在直接关系。

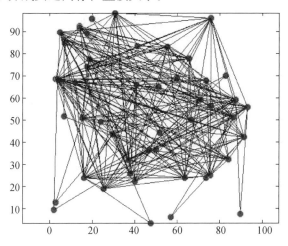

图5.1　50个节点的无标度网络

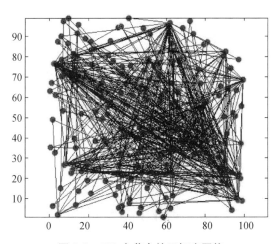

图5.2　200个节点的无标度网络

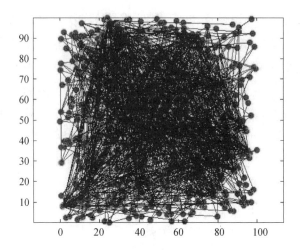

图 5.3　500 个节点的无标度网络

5.2　制造企业研发团队内部知识转移演化算法

5.2.1　制造企业研发团队内部知识转移演化的假设前提

假设 1　假定制造企业研发团队内部知识转移嵌入情景网络是一个具有异质性的无标度网络 $G(V,E)$，其中 V 表示知识转移网络中所有节点的集合，E 表示所有边的集合，$E=\{e_{ij}\}$，$e_{ij}=1$ 表示节点 i 和 j 之间存在直接关系，$e_{ij}=0$ 表示二者之间不存在直接关系。

假设 2　制造企业研发团队内异质性主体是有限理性的，团队成员是否进行知识转移取决于预期收益的大小。

假设 3　根据霍曼斯社会交换理论中社会交换参与者对成本与报酬比率是否"公平"的主观判断标准，制造企业研发团队成员在选择博弈对手进行博弈时，范围 r 限定在邻域内，即博弈半径 $r=1$。

假设 4　制造企业研发团队所有成员采用同一策略更新规则，且记忆长度为 1，即团队成员的策略选择仅取决于上一次的博弈结果。

5.2.2　制造企业研发团队内部知识转移演化规则

在每一个演化周期内，研发团队成员根据此时所处的 4 种不同收益（见表 3.1），与其邻域内所有个体进行博弈，并获得相应收益，每个博弈方的收益为与其每个邻居进行博弈所得收益的累加。

在网络上的演化博弈中，个体策略的更新规则是以个体的学习机制来表示的[218]。目前微观层面上的学习机制有：模仿收益最大的邻居策略[219][220]；按概率选择优胜邻居的策略[221];配对比较[222][223][224][225][226][227][228];基于 Moran 过程的自然选择规则[229][230]。根据制造企业实际情况与仿真工具的可实现性,本研究选择配对比较学习机制。依据费米定律,个体 i 随机选择一个邻居 j 进行收益比较,若个体 j 本轮收益高于个体 i 自身收益,则以一定的概率在下一轮中转化为对方的策略,这种模仿概率一般表示为[216]:

$$P_{s_i \to s_j} = \frac{1}{1 + e^{\frac{(U_i - U_j)}{k}}} \tag{5-1}$$

其中,s_i、s_j 分别表示个体 i、j 本轮所采取策略,$s_i \to s_j$ 表示个体 i 在下一轮中采取邻居 j 的策略,U_i、U_j 分别表示个体 i、j 的本轮收益,k 表示系统的噪声大小($k > 0$)。该概率函数表示,若 $U_i < U_j$,则个体 i 将以较高的概率模仿个体 j 的本轮策略;若 $U_i > U_j$,个体 i 仍以微弱的概率模仿个体 j 的本轮策略,个体 i 的这种非理性选择由 k 刻画,描述个体 i 受环境噪声因素影响程度,即个体策略更新具有不确定性。若 $k \to 0$,则策略更新的确定性越强,即 $U_i < U_j$ 时,个体 i 一定会选择学习个体 j 的策略,反之个体 i 则会坚持原本策略;若 $k \to \infty$,表示个体处于噪声环境中,无法做出理性选择[216][218]。

配对比较学习机制只关注个体的收益和环境中的不确定性,未考虑个体偏好因素的影响。本研究将利用带有偏好的重连机制确定节点 i 的出连接 j,设 α 为偏好倾向($\alpha \geq 0$,$\alpha = 0$ 表示网络个体间连接无任何偏好倾向,α 越大表示偏好倾向越明显),则节点 i 与网络中其他节点进行断边重连的概率表示为:

$$w_{ij} = \sum_{i \in G} \frac{U_j^\alpha}{U_i^\alpha} \tag{5-2}$$

制造企业研发团队知识转移网络中所有节点按照以上规则进行策略学习与调整,策略分布将逐渐趋于稳定状态,实现创新知识在组织内部的扩散。

5.2.3 制造企业研发团队知识转移演化算法步骤

① $t = 0$,初始化给定一个制造企业研发团队知识转移网络 $G(V, E)$,将博弈过程中的策略随机分配给网络中的节点,并设定参数值。

② $t = 1$,进行一次博弈。

③ $t = 2$,网络中节点随机选择邻居节点进行收益比较,若该节点收益大于或等于邻居节点收益,则在下一轮博弈中该节点不改变策略;否则,该节点以概率 $P_{s_i \to s_j}$[公式(5-1)]对相比较的节点策略进行模仿,此时若策略相同则不改变策略。

④ $t=3$,根据网络所具有的偏好机制,网络中任意节点 i 以概率 w_{ij} [公式(5-2)]与其他节点 j 断边重连。

⑤ $t=5$,转步骤(2),直至达到预定时间步长结束。

5.3 制造企业研发团队内部知识转移演化过程的仿真

5.3.1 制造企业研发团队内部知识转移演化过程测度

从组织总体来看,知识转移的根本目的在于实现知识在团队中的充分共享与流通,使个体知识转化为群体知识,缩小团队成员间知识存量差距,克服团队知识的等级性、歧视性,从而在团队中形成良好的交流氛围,促进团队成员之间相互竞争及共同进步,因此,本章选用知识转移网络演化深度作为测度指标。为获得稳定的仿真结果,每组参数测试 100 次,取团队知识转移网络演化测度指标的平均值。

为体现团队成员个体异质性,将研发团队成员分为两个群体,群体 1 和群体 2,每个群体内部成员参数相同,群体间参数有差异。3.3.2 节局部稳定性分析显示:当 $c_1k_1>\lambda k_1+\varphi,c_2k_2>\lambda k_2+\varphi$ 时,(0,0) 为知识转移系统的演化稳定点;当 $c_1k_1>\gamma_1k_1^m k_2^n+\lambda k_1+\varphi,c_2k_2<\lambda k_2+\varphi$ 时,(0,1) 为知识转移系统的演化稳定点;当 $c_1k_1<\lambda k_1+\varphi,c_2k_2>\gamma_2k_1^m k_2^n+\lambda k_2+\varphi$ 时,(1,0) 为知识转移系统的演化稳定点;当 $c_1k_1<\gamma_1k_1^m k_2^n+\lambda k_1+\varphi,c_2k_2<\gamma_2k_1^m k_2^n+\lambda k_2+\varphi$ 时,(1,1) 为知识转移系统的演化稳定点。根据该分析结果设置参数 $v_{i,0}=10,k_i=10,\alpha_i=0.3,\beta_i=0.02$,另 $c_i,\gamma_i,\lambda,\varphi$ 取值见表5.1,其中 $i=1,2$。仿真过程见图5.4、图5.5、图5.6,横坐标表示博弈次数,纵坐标表示团队中选择知识转移策略的成员比例,也可称为演化深度。

表5.1 制造企业研发团队知识转移演化仿真参数设置

参数	γ_1	c_1	γ_2	c_2	λ	φ
D_1	0.1	0.6	0.1	0.7	0.1	2
D_2	0.1	0.3	−0.5	0.3	0.2	3
D_3	0.2	0.3	0.3	0.3	0.2	3
D_4	0.2	0.4	0.3	0.4	0.1	2

第 5 章　制造企业研发团队内部知识转移的演化过程分析

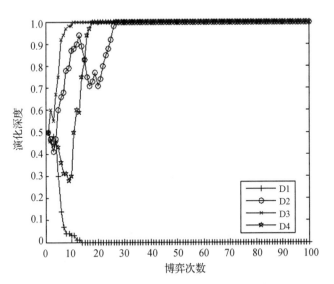

图 5.4　50 个节点知识转移网络的演化过程

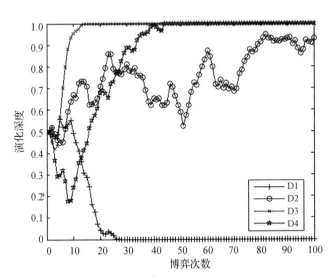

图 5.5　200 个节点知识转移网络的演化过程

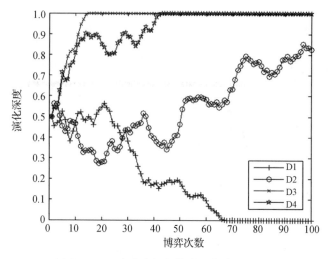

图 5.6　500 个节点知识转移网络的演化过程

观察图 5.4,在 50 个节点的无标度网络中,当研发团队所有成员选择知识转移策略的奖励与选择知识不转移策略的惩罚之和小于知识转移成本 $[c_i k_i > \lambda k_i + \varphi(i=1,2)]$,即团队知识转移行为不能得到组织制度补偿时,最终演化深度收敛于 0(见图 5.4 中演化曲线 D_1),所有成员均选择知识不转移策略,团队知识流动趋于停滞。当研发团队所有成员选择知识转移策略的奖励与选择知识不转移策略的惩罚之和大于知识转移成本 $[c_i k_i < \lambda k_i + \varphi(i=1,2)]$,而部分团队成员由于协同创新能力较差,协同收益低于成员的期望下限,导致该部分成员的协同收益与组织激励奖惩之和小于知识转移成本 $(c_2 k_2 > \lambda k_2 + \varphi + \gamma_2 k_1^m k_2^n)$ 时,选择知识转移行为具有一定风险,但由于博弈方的有限理性特点,成员首先能感知到的是组织制度倾向 $[c_i k_i < \lambda k_i + \varphi(i=1,2)]$,且在行为决策过程中受流行性压力与社会规范影响,选择知识转移行为的概率更大,最终知识转移网络演化深度达到 100% 的稳定状态(见图 5.4 中演化曲线 D_2)。这表明了建立研发团队知识转移组织激励奖惩制度的重要性,只有让团队成员感受到知识转移行为所能带来的丰厚奖励与不进行知识转移行为所要接受的严厉惩罚,形成健全的知识转移辅助制度,才能提高团队成员实行知识转移行为的动力,实现制造企业研发团队知识持续流动。当研发团队组织激励奖惩制度与成员协同创新水平均较高,即团队所有成员的组织激励奖惩及其与协同收益之和均大于知识转移成本时 $[c_i k_i < \lambda k_i + \varphi; c_i k_i < \lambda k_i + \varphi + \gamma_i k_1^m k_2^n (i=1,2)]$,知识转移网络很快便演化至 100% 稳定状态(见图 5.4 中演化曲线 D_3)。当研发团

队所有成员选择知识转移行为的奖励与选择知识不转移行为的惩罚之和小于知识转移成本,而组织激励奖惩与知识协同收益之和大于知识转移成本时[$c_i k_i > \lambda k_i + \varphi; c_i k_i < \lambda k_i + \varphi + \gamma_i k_1^m k_2^n (i=1,2)$],知识转移最终仍能演化至100%稳定状态(见图5.4中演化曲线D_4)。该情形下,尽管组织激励奖惩制度不健全[$c_i k_i > \lambda k_i + \varphi (i=1,2)$],但团队中所有成员知识协同能力均较高,能够补偿知识转移成本,使团队成员得到额外净收益。这说明在制造企业研发团队中,在建立与完善知识转移组织激励奖惩制度的同时,还需要塑造良好的团队知识沟通、协作平台与氛围,增强团队成员间知识互补性,从而提高团队成员协作创新水平,这也是研发团队存在的重要意义与活力源泉。

观察图5.5、图5.6,以200个节点和500个节点的无标度网络为载体的制造企业研发团队知识转移网络演化结果,与以50个节点的无标度网络为载体的演化结果相似。不同的是,当研发团队组织激励奖惩制度较完善[$c_i k_i < \lambda k_i + \varphi (i=1,2)$],而部分成员由于知识协同创新能力较低致使组织激励奖惩与知识协同收益之和小于知识转移成本($c_2 k_2 > \lambda k_2 + \varphi + \gamma_2 k_1^m k_2^n$)时,知识转移网络的演化深度最终收敛于一个大于0小于1的常数,且无标度网络规模越大,该常数值越小(见图5.5、图5.6中演化曲线D_2)。出现这种现象的原因可能是在大规模无标度网络中,邻居节点相对较多,且节点分布的不均匀性与异质性更加显著,节点随机选择邻居节点进行收益比较与策略模仿学习的过程更为复杂。在策略选择时,网络成员随机选择一个邻居成员进行收益比较,若该邻居恰好选择了知识转移策略且有$c_i k_i < \lambda k_i + \varphi + \gamma_i k_1^m k_2^n$,则该成员选择该邻居策略的概率较大,但若该邻居选择了知识转移策略但有$c_i k_i > \lambda k_i + \varphi + \gamma_i k_1^m k_2^n$,则该成员选择知识不转移策略的概率更大。经过一段时间的策略演化,对于$c_1 k_1 < \lambda k_1 + \varphi + \gamma_1 k_1^m k_2^n$的成员来说,最终选择知识转移策略的概率更大,对于$c_2 k_2 > \lambda k_2 + \varphi + \gamma_2 k_1^m k_2^n$的成员来说,最终选择知识不转移策略的概率更大,因此,以大规模无标度网络为载体的知识转移最终演化至一个大于0小于1的常数,且规模越大越接近群体1与群体2中成员数之比。

从图5.4、图5.5、图5.6中相同参数设置、不同网络规模的演化仿真结果可以看出,除D_2最终演化稳态不尽相同外,其余参数设置下的最终知识转移演化深度一致,可见在以无标度网络为载体的情况下,网络规模对演化深度影响不大。经对比演化曲线发现,规模为50的知识转移网络演化至稳定状态的博弈次数集中于 10~25 次,规模为 200 的知识转移网络演化至稳定状态的博弈次数集中于 15~45 次,规模为 500 的知识转移网络在博弈至 70 次时才基本达到稳定状态,由此可见,网络规模越大,知识转移演化速度越慢。这可能是由于在小规模网络中节点度相对较小,信息传递效率高,而大规模网络中节点间进行博弈、收益对比与策略学习的过程更为复杂,信息传递效率较低。

5.3.2 知识转移系数对知识转移演化过程影响分析

为讨论知识转移系数对制造企业研发团队知识转移网络演化深度和速度的影响,以上节演化深度为 0 的情景为基础,设定参数 $v_{i,0}=10$,$k_i=10$,$\gamma_i=0.1$,$c_1=0.6$,$c_2=0.7$,$\lambda=0.1$,$\varphi=2$,知识聚合系数 β_i 取 0.02,知识转移系数 α_i 依次取值 0.3、0.5、0.7、0.9,其中 $i=1,2$,仿真结果见图 5.7、图 5.8、图 5.9。

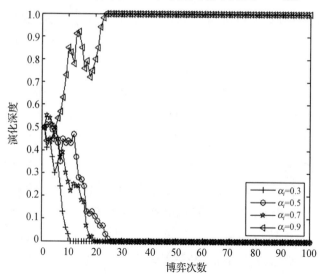

图 5.7　50 个节点无标度网络中知识转移系数对演化结果的影响

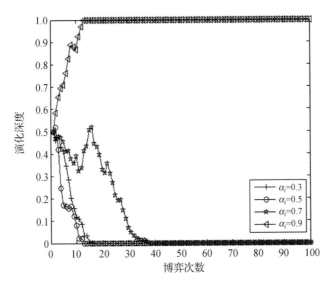

图 5.8　200 个节点无标度网络中知识转移系数对演化结果的影响

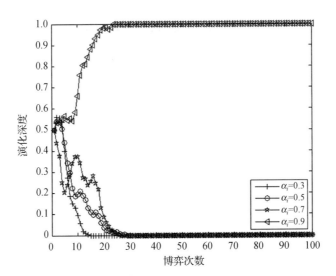

图 5.9　500 个节点无标度网络中知识转移系数对演化结果的影响

观察图 5.7、图 5.8、图 5.9 可知,在三种规模的无标度网络中,当知识转移系数 $\alpha_i(i=1,2)$ 取 0.3、0.5、0.7 时,知识转移网络最终演化稳态均为 0,当知识转移系数 $\alpha_i(i=1,2)$ 增加至 0.9 时,知识转移网络最终演化至 100% 的稳态。这说明知识转移系数 $\alpha_i(i=1,2)$ 在一定范围内增大时并不能改变无标度网络下知识转移的最终演化稳态,只有当知识转移系数 $\alpha_i(i=1,2)$ 增大至一定值时才有可能使知识转移网络演化稳态增加至 100%,而由于受团队成员知识发送接受能力及知识转移情景等因素限制,这种情形是非常难达到的,即知识转移网络演化结果对知识转移系数的变化不敏感,知识转移系数在一定范围内增大时对制造企业研发团队知识转移网络演化情况影响不大,因此,若要通过优化知识转移直接效益的途径维持制造企业研发团队内部知识流动的持续稳定性,则需付出更多成本。分别对比相同参数、不同规模的演化曲线可知,网络规模对知识转移网络演化深度与速度影响不大。

5.3.3 知识聚合系数对知识转移演化过程影响分析

在 5.3.1 节演化深度为 0 的情景参数设置基础上,知识转移系数 $\alpha_i(i=1,2)$ 取 0.3,知识聚合系数 $\beta_i(i=1,2)$ 依次取值 0.02、0.04、0.06、0.08,仿真结果见图 5.10、图 5.11、图 5.12。

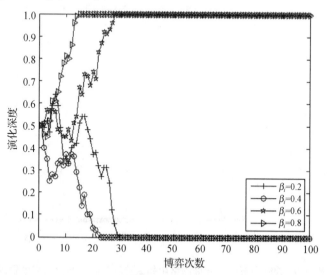

图 5.10 50 个节点无标度网络中聚合系数对演化过程的影响

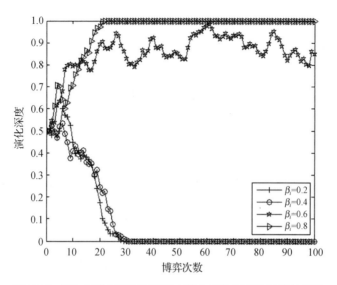

图 5.11　200 个节点无标度网络中聚合系数对演化过程的影响

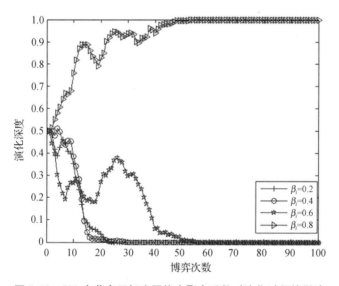

图 5.12　500 个节点无标度网络中聚合系数对演化过程的影响

观察图 5.10、图 5.11、图 5.12 可知,在 50、200、500 个节点的无标度网络中,当知识聚合系数 $\beta_i(i=1,2)$ 取 0.2、0.4 时,知识转移网络最终均演化至稳态 0,当知识聚合系数 $\beta_i(i=1,2)$ 增加至 0.8 时,知识转移网络演化稳态均达到 100%。不同的是,当知识聚合系数 $\beta_i(i=1,2)$ 取 0.6 时,在 50 个节点的无标度网络中,知识转移网络演化稳态达到 100%;在 200 个节点的无标度网络中,知识转移网络演化稳态不能达到 100%,而是波动于 0.7 与 1 之间;在 500 个节点的无标度网络中,知识转移网络演化稳态仍为0。另外,观察图5.11、图5.12发现,在200、500个节点无标度网络中,当$\beta_i(i=1,2)$在一定范围内增加时,出现演化曲线交织甚至重合现象。由此可见,只有增大知识聚合系数$\beta_i(i=1,2)$至一定值时才能显著促进演化深度的提高,且小规模网络对$\beta_i(i=1,2)$变化的反应相对中、大规模网络更敏感。分别对比相同参数不同规模的演化曲线可知,规模越大,知识转移网络演化速度越慢。

5.4 制造企业研发团队内部知识转移演化过程的分析结果

通过对制造企业研发团队内部知识转移演化过程的分析,发现:

第一,制造企业研发团队内部知识转移演化过程实质上是在无标度网络嵌入情景中,在收益择优原则与组织制度引导下,具备有限理性与异质性特征的个体间进行演化博弈的过程。且该制造企业研发团队内部知识转移网络的演化深度与速度会受到团队成员间知识协同收益、知识直接收益、知识聚合收益、知识转移成本、组织奖惩力度及无标度网络规模的不同程度影响。

第二,制造企业研发团队内部知识转移演化过程会受到知识转移成本、知识协同收益与组织激励奖惩制度之间关系变化的显著影响。当制造企业研发团队内部知识转移激励奖惩之和小于知识转移成本且团队成员间知识协同效益不高时,团队知识转移网络演化深度最终收敛于0;当制造企业研发团队中部分成员知识协同收益与组织激励奖惩之和大于知识转移成本时、部分成员知识协同收益与组织激励奖惩之和小于知识转移成本时,团队知识转移网络演化深度最终收敛于大于0小于等于1的常数;当制造企业研发团队所有成员协同收益与组织激励奖惩之和均大于知识转移成本时,则团队知识转移网络演化深度最终收敛于1。另外,知识转移网络规模对上述影响作用有一定调节功能,网络规模越大,知识转移网络演化深度收敛于稳定状态的速度越慢;且当部分成员知识协同收益与组织激励奖惩之和大于知识转移成本、部分成员知识协同收益与组织激励奖惩之和小于知识转移成本时,规模越小,演化深度的稳定状态越接近100%。

第三,知识转移直接收益与知识聚合收益对制造企业研发团队内部知识转移网络演化深度与速度也有一定影响,但作用不大。当知识转移系数与知识聚合系数增大到一定值时,对提高制造企业研发团队内部知识转移网络演化深度有促进作用,且小规模知识转移网络对聚合系数的变化较中、大规模更敏感,但通过增加知识转移直接收益与知识聚合收益的途径提高团队知识转移行为网络式扩散深度需要付出更多的成本。

5.5 本章小结

本章从微观视角系统研究了制造企业研发团队内部知识转移的演化过程。结合演化博弈理论与现实网络拓扑结构特征,构建了制造企业研发团队内部知识转移演化算法,利用 Matlab 模拟仿真技术探究了无标度网络载体下制造企业研发团队内部知识转移演化过程。理论研究和数值仿真结果表明:制造企业研发团队内部知识转移演化过程是在无标度网络嵌入情景下,有限理性且异质性个体间进行博弈的过程,该过程对组织激励奖惩制度、知识转移成本与知识协同收益之间的关系变化较为敏感,且小规模知识转移网络的演化深度与速度对三者的关系变化较中、大规模网络更敏感;而知识转移直接收益与知识聚合收益对知识转移网络演化结果影响不大。这进一步揭示了制造企业研发团队内部知识转移的演化过程规律,为下文制造企业研发团队内部知识转移效能影响机理的系统分析奠定了研究基础。

第6章 制造企业研发团队内部知识转移效能的影响因素分析

在第3、4、5章的基础上,本章将通过对制造企业研发团队内部知识转移的条件、情景与演化过程所做分析识别出的关键因素置于同一研究框架中,全面剖析这些因素如何影响知识转移效能及它们之间的交互关系,从而进一步回答理论框架中的问题"HOW",全面打开制造企业研发团队内部知识转移"黑箱"。

6.1 情景因素对制造企业研发团队内部知识转移效能的影响

6.1.1 情景因素的变量界定

由于社会网络理论与知识转移问题相结合的研究方法起步较晚,现有研究多关注知识转移"二元"情景,且少量关于"网络"情景的研究往往倾向于网络关系对知识转移的影响而忽视组织所处的社会网络结构对知识转移的影响[231][232]。制造企业研发团队内部知识转移活动嵌入团队社会网络中,其活动效率在一定程度上会受网络结构特征的影响与限制。因此,与传统的对知识转移的研究相比,从网络结构视角出发探究制造企业研发团队内部社会网络情景对知识转移的影响更具有理论指导意义和现实意义。根据4.1.2小节关于制造企业研发团队内部网络情景的衡量指标界定,团队内部社会网络情景可由团队整体网络特征与正式领导的个体网络特征来衡量,其中团队整体网络测量指标包括团队网络密度、团队网络平均距离、团队网络中心性及团队网络结构洞,正式领导社会网络测量指标包括正式领导中心性与正式领导结构洞[191]。根据4.4节关于团队内部社会网络情景对知识转移效果影响研究的初步结果,团队内部社会网络结构的整体特征与个体特征均对知识转移效果具有显著影响。因此,本章基于网络结构视角,从团队社会网络整体特征与个体特征两个方面对制造企业研发团队内部知识转移情景因素与知识转移效能的关系机理进一步展开实证分析。

6.1.2 团队内部社会网络整体网络特征与知识转移效能

根据社会网络理论,团队社会网络整体分析指标包括团队社会网络密度、团队社会网络中心性、团队社会网络结构洞与社会网络平均距离四个维度。因此,本节从不同维度分别阐释制造企业研发团队内部社会网络整体网络特征与知识转移效能的关系机理。

6.1.2.1 团队社会网络密度与知识转移效能

团队社会网络密度是指团队成员之间彼此交流、互动、联系的程度[234]。该指数较高,则表示团队成员间交往密切,而且网络中的成员更乐于打开心扉与其他成员进行交流、沟通,进而使得成员间在互动中建立坚实的情感联系,这更有利于团队合作,提高团队有效性;反之,如果团队社会网络密度值较低,那么表示网络成员间的缔结较浅,成员之间的互动值不高,彼此之间还未建立较为紧密的信任关系,不愿意主动地交流工作或内心想法[235],或者成员之间形成了小群体,只限于小范围的交流,这样容易导致团体分裂,显然也不利于团队的发展及团队有效性的提升。

Mayo,Balkundi,Perry-Smith,Reagans 等学者认为团队成员间社会交往频次和互动频率与团队有效性之间存在密切关系,且两者呈正相关关系[236][237][238][239]。比如,学者 Reagans 等表示互动频率高的 R&D 团队具有明显的有效性,同时该学者还强调,团队内部社会网络需要借助一定的交流与沟通来实现团队运作的协调,而外部网络则需要稀疏来规避冗余信息[239]。学者 Balkundi 等认为网络密度与团队产出之间存在必然联系:网络密度值高的团队凝聚力更强,对团队绩效评价更高[237],即在网络密度较高的团队,成员间的交流更加密切,凝聚力更加显著,这样在频繁的互动中,便能实现知识的转移与流通,由此知识共享的机会较高;而在网络密度较低的团队,成员之间的情感联系淡薄,彼此沟通少,这也意味着团队间知识流通较慢,那么团队成员间知识分享与转移的机会将减少。

同时,也有学者研究发现,组织网络密度并不是越高越有利于组织绩效的提高。如,Krackhardt 创造了一个新概念——"组织黏性",并提出具有适中黏性的组织网络才能够快速地传播新知识。在此基础上,Sparrowe 等以跨产业的 38 个团队为研究对象,对网络特征与团队绩效间关系进行探究,发现"在工作咨询网络中群体密度越高,越有利于团队绩效表现的假设"未被证实[240]。Hernández 等在研究中也发现,表现出高科研创新绩效的团队往往具有适中的内部网络密度[241]。这是因为,对于高密度组织网络,一方面,成员需要投入时间、精力维持这些关系,这使得组织关系维护成本增大;另一方面,联结密度过高,成员花费大量时间与精力在相对封闭的紧密网络中频繁交流观点、意见,使得团队网络成员间缺乏异质性,而异质性对于创新型组织是至关重要的,最终会导致团队内部的信息倾向于同质和冗余[198],进而限制团队创新绩效[242]。另外,本书第4章对制造企业研发团队内部知识转移情景的模拟仿真结果显示,团队社会网络密度与研发团队平均知识增长率呈倒"U"型相关、与研发团队知识离散系数呈"U"型相关,即稠密的团队网络结构能够提高团队成员间信息与资源的互动频率,促进团队形成社会资本[192],对知识转移效果产生积极影响。同时,高网络密度会增加网络密闭性与同质性,使成员过于依赖现有网络,不利于知识转移[198]。

基于以上分析,针对制造企业研发团队内部知识转移活动,本研究提出假设:H1a:团队社会网络密度与知识转移效能间呈倒"U"型相关。

6.1.2.2 团队社会网络中心性与知识转移效能

团队社会网络中心性对团队绩效也有重要作用[241][244][245]。团队社会网络中心性表示团队集权程度,即团队内部互动集中情况。在拥有低中心性的团队网络即分权网络中,团队成员间彼此相互依赖,享有共同目标,从而促进团队凝聚力与合作愿望的增强,进而使得知识共享与转移效率更佳;在拥有高中心性的团队网络即集权网络中,团队成员主要与少数核心人物进行高度互动,而与其他人互动较少,该网络结构特点会导致信息传递与交换不畅通,相互依赖程度低,凝聚力较差,不利于团队成员间的知识流通与合作[243]。Ibarra(1993)研究发现,群体的集中性越高,组织集权现象越严重,组织内个体间互动越贫乏,对组织整体创新绩效提升越不利[246]。这与个体网络特征研究有很大的差异,如,Bekkers等学者通过对全球五大制造商的实证研究发现,居于产业网络核心地位的企业更容易获得重要科技、市场资讯及资源交流的机会[295]。

同时,与上述关于网络中心性与团队绩效关系研究结论不同,有学者提出,若团队网络中心性过低,团队内部将会由于过于分权而产生信息传递紊乱,成员间行为不协调,最终导致团队知识创新绩效显著下滑[192]。Hernandez等则进一步发现:通常团队网络中心性处于40%与70%之间时,团队科研质量较高[241]。另外,本书第4章对制造企业研发团队内部知识转移情景的模拟仿真结果显示,团队网络中心性与团队平均知识增长率呈倒"U"型相关、与研发团队知识离散系数呈"U"型相关,即团队网络中心性对知识与信息的转移、获取有双重效应,具有过高或过低中心性的团队,皆难以整合团队技能与知识,识别、传播与吸收知识的功能降低,阻碍团队完成高度复杂任务[295]。

基于以上分析,针对制造企业研发团队内部知识转移活动,本研究提出假设:H1b:团队社会网络中心性与团队知识转移效能间呈倒"U"型相关。

6.1.2.3 团队社会网络结构洞与知识转移效能

团队社会网络结构洞是指团队社会网络中节点间由于缺乏信息流通路径而产生的间隙。由于结构洞处在不同的信息流中[247],不同群体的个体具有不同技能、信息与经验,位于结构洞位置的"中介人"在为团队带来丰富的非重叠信息的同时不断强化自身知识传递与学习能力,并因此促进"中介人"获得信息与控制优势。具体而言,"中介人"跨越的结构洞越多,其能够收获并吸收的信息也会越丰富。如果社会网络中存在结构洞,那么处于该位置的"中介人"则起到了连接纽带的作用,既能够联结不同的个体,加强个体间的交往,又能够在联结的同时吸收更多的异质性信息,掌握更丰富的消息,由此在信息方面表现出极大的优势。综上可见,结构洞是信息交流最为频繁的位置,因此相较于其他人而言,处在该位置的个体拥有更大的信息优势与控制优势,同时也拥有更多的知识转移机会。

有学者指出结构洞对团队绩效具有双重影响。从正面影响而言,如果团队社会网络中拥有较多的结构洞,则表示团队间交流的异质性信息更多,这更有利于成员获取不同类型的新知识[241]。随着新知识的积累,团队成员能够不断地刷新自我的认知体系,并从中找到新的灵感,由此创造出更加独特、新颖的解决方案[248]。从另一个层面来说,相较于高密度联系的团队,这种不通过网络联系的中介,更有助于实现团队内非正式网络联结的协调[198]。也就是说,从正面角度而言,结构洞有利于新知识的传递,有利于团队创新,有利于实现高效率的非正式协调[241]。更进一步地说,当团队社会网络成员间的交往密度高,彼此缔结的联系更加深厚时,团队结构洞能够凭借着异质性信息的交换,表现出强大的活性,由此规避制度约束力[250],避免限制性规范的约束力[249],更重要的是,当团队缺乏结构洞时,随着时间的推移,成员间思想更加趋同,在这种情况下,团队对非团队成员会表现出较大的排斥性[251],不愿意接受不同的观点,长此以往则容易让团队陷入"内卷化",削弱团队创造和吸收新知识的能力。

从负面影响而言,团队结构洞太多很容易造成系统瘫痪,或者成员过多地依赖处于结构洞位置的"中介人"。团队结构洞过多则意味着团队存在太多缝隙,这样容易形成团队内的小集团,由此造成内部协调的困难。当团队内小集团缺乏联系时,信息与知识也将不会在彼此之间互联互通,从整体的角度来说,这样并不利于整体团队的知识共享与转移[252]。而且,如果成员过度依赖"中介人",也会在一定程度上阻碍知识转移与共享。因为中介人作为"连接纽带",作为一个实在的个体,在传递知识时,难免会代入主观情绪,这样也可能会过滤掉部分重要信息,或导致知识扭曲[198]。更深入地分析,假设团队结构洞较多,由于成员是通过结构洞来传递与交流信息的[198],而当沟通的"中介"变多时,将会大大降低成员获取资源的效率,由此削弱团队的协调性与凝聚力。Cross 等(2001)在其研究报告中指出:在团队社会网络中,如果小集团之间不联系,那么扮演协调角色的"中介人"会因为协调压力过重,而在沟通中设置瓶颈,最终阻碍了团队间的知识共享,削弱团队的有效性[253]。另外,在中介人缺乏精力的情况下,过度依赖中介人的团队也将面临崩溃的局面。因此,从这个层面上而言,团队中结构洞的数量不宜过多[254]。单单从凝聚力的角度来说,要想团队之间的联系更加紧密,全员万众一心,那么团队内是不应该存在结构洞的,因为在缺乏缝隙的情况下,团队之间的交流会更加的频繁,这更有利于实现团队的知识转移与共享。Shah(2000)则在研究由熟人组成的团队与由朋友组成的团队时,发现前者与后者相比,沟通频次更少,由朋友组成的团队会表现出更高的团队绩效[255]。此外,本书第4章对制造企业研发团队内部知识转移情景的模拟仿真结果显示,团队网络结构洞与研发团队平均知识增长率呈倒"U"型相关、与研发团队知识离散系数呈"U"型相关,即团队网络中结构洞比例越大,合作伙伴种类越多,所能接触的资源与知识范围就越广,有助于丰富团队认知资源,提高员工知识编码能力,促进团队知识转移绩效的提升[198];若团队中的结构洞过多,反而会成为团队成员间进行信息互动的障碍[192]。

综上分析,团队结构洞与团队绩效之间可能为非线性关系。在上述理论研究中,团队结构洞过多或过少,都会影响团队绩效,不利于团队的发展与交流。而结构洞适中的团队,能够凭借着异质性信息的交换,以及跨越不同小集团的"中介人",来增强新知识创造的能力,最终提升团队绩效。在存在一定数量结构洞的团体中,可能会产生一些互不联系的小集团,但是此时成员之间会因为"中介人"而进行适度的沟通与交流。这些"中介人"也许会出现信息扭曲、冗余等现象,但是从一致性与整体的角度而言,产生这种现象的可能性较小。因此,在不存在知识冗余或信息扭曲的情况时,团队之间适当地沟通与交流,或分享异质性信息,更能够激发团队的灵感,获得新颖、趣味性的想法。更重要的是,在这种结构洞数量适中的团队中,成员还可以通过沟通与交流,找到与自己志趣相投的人,而不用忍受被孤立。

基于以上分析,针对制造企业研发团队内部知识转移活动,本研究提出假设:H1c:团队社会网络结构洞与团队知识转移效能间呈倒"U"型相关。

6.1.2.4 团队社会网络平均距离与知识转移效能

网络节点间联结距离也是影响网络中个体间知识转移的关键因素[256],近距离联结能够立足于知识的深度,为转移双方提供更多高质量的隐性知识[48][257]。没有编码的隐性知识只能依靠个体的自我领悟,在这种情况下,个体之间必须要采取亲身体会、近距离观察等互动方式,才能挖掘出隐性知识,实现知识的转移。而远距离联结能够很好地传递新知识,并且能够避免知识冗余,使交流更具价值。

Granovetter(1973)指出远距离联结有助于获取有价值的信息[258]。远距离联结能够获得更加有质量、异质性的信息,但同时由于距离过远,也会阻碍信息流通。诸如非官方政治信息等此类战略性知识的传递则更倾向于基于信任的近距离联结而非远距离联结[259]。同样,资源优势并不是战略性的,但是却不容易转移。Hansen(1999)表示,隐性知识更容易在近距离联结中转移,因为在近距离的接触与交流中,双方达成一致意愿的机会将大大增加,由此形成双方均能接受与认可的语言体系,增进了成员间编码与解码的速度,这有利于成员间深入理解隐性知识,传递复杂知识[260]。此外,频繁的交流还有利于增进成员对其他成员的认识,这样当需要某方面知识的时候,成员能够凭借熟悉的认知,快速地找到精通该知识的专家,由此共同商议出解决问题的方法。此外,本书第4章对制造企业研发团队内部知识转移情景的模拟仿真结果显示,团队网络平均距离与研发团队平均知识增长率呈倒"U"型相关,与研发团队知识离散系数呈"U"型相关。总而言之,在创造性团队中,近距离联结与远距离联结应同时存在,即团队网络平均距离应维持在适中范围。

基于以上分析,针对制造企业研发团队内部知识转移活动,本研究提出假设:H1d:团队社会网络平均距离与团队知识转移效能间呈倒"U"型相关。

6.1.3 团队内部社会网络个体网络特征与知识转移效能

根据社会网络理论,社会网络个体网络特征主要包括正式领导中心性与正式领导结构洞两个维度。本节从不同维度出发,分别阐释社会网络个体网络特征与知识转移效能的关系机理。

6.1.3.1 正式领导中心性与知识转移效能

由于所拥有的权利与资源不同,领导可划分为正式领导和非正式领导。其中,正式领导是在组织中拥有高层次权力,掌握了组织核心知识的成员,比如团队经理、团队组织者等;非正式领导则是在团队社会网络中处于中心地位,联结正式领导与团队成员的个体[261][262]。相较于正式领导而言,非正式领导更能够获悉团队发展的动向,更能够了解成员对团队事务的看法与态度,在整个团队活动中,往往扮演着意见领袖的角色。

突出正式领导的中心性,改变其在团队中的位置,更有利于激发团队成员的积极性,以此提高团队绩效。合格、有效的领导需要具备以下特征:其一,依赖专家权等非正式权力,而并非行政特权;其二,能够明确团队的整体发展目标,并为团队成员提供其所需要的资源。当正式领导逐渐取代非正式领导占领团队的中心位置时,其能够更好地了解团队成员的想法,并为其提供资源,而正式领导也将从这个过程中,获得决策依据,由此制定出更加完善、有效的策略与决策。从知识流动的角度来说,当正式领导占据团队社会网络中的核心位置后,其将扮演"协调员"的角色,根据成员的需要与优势分配资源,促进团队的知识创造与创新。从团队建设的角度来说,中和正式领导和非正式领导的角色,更能够提高团队的有效性[237]。首先,正式领导能够通过与外部渠道的联结,获得团队建设所需要的资源,由此促进团队目标的实现;其次,非正式领导则能够凭借自己的位置优势,把关信息,合理分配资源,调动团队成员的积极性,引导其共同实现团队目标;最后,当正式领导逐渐向优势地位转移时(位置中心性凸显),其也能够有效地促进目标的实现,而且增强团队成员的凝聚力,获得团队成员的信任与追随,这也有利于团队有效性的提升。Mehra 等人(2006)通过对销售团队的研究发现,团队领导在部门中的中心性、高层领导或其他领导在群体网络中的中心性,与团队绩效之间呈显著正相关[202]。

同时,也有学者对正式领导的网络中心性提出异议。Baker 等认为,作为整个群体网络的核心,如果处在中心位置的领导能力低下,或者不具备合理分配资源的能力,那么其所领导的团队绩效也将不容乐观。另外,与下属的联结也会在一定程度上影响领导的作为,因为为了不破坏与团队成员的关系,其会对部分行为采取放任态度,而这显然无法提高团队绩效[250]。Balkundi 则提出团队领导是否处在团队中心位置,在很大程度上影响了团队绩效,两者之间呈正相关[237]。但是该学者进一步指出,如果领导过度地看重团队关系的联结,那么团队领导在网络中的中心性也会给团队绩效带来负面影响,阻碍团队目标的实现。

综上可见,大多数学者都是在探讨领导社会资本与团队绩效[237][263][264]之间的关系,而很少分析领导社会资本对团队成员知识共享或转移意愿与行为指标的影响。知识共享意愿与行为是团队成员对分享知识的态度,从中也可以看出成员对团队的认可度与信赖度。从我国国情与文化出发,我国推崇集体主义,个体更倾向于抱团,这意味着如果成员认可了集体,那么成员之间将表现出较高的亲密度,建立更加深厚的信任关系,知识共享与转移的意愿也会更强烈[265]。

基于以上分析,针对制造企业研发团队内部知识转移活动,本研究提出假设:H2a:正式领导中心性对团队知识转移效能具有显著正向影响。

6.1.3.2 正式领导结构洞与知识转移效能

在团队社会网络中,领导者的声誉有助于推动团队和谐与绩效提升,同时领导的"中介人"位置对团队和领导来说也非常关键。根据 Burt 的研究,中介位置即网络结构洞位置能够为个体带来信息优势与资源控制优势[198]。"中介人"能够在团队内相对独立的不同群体间搭建"桥梁",通过占据这一优势位置,改变和影响网络中的成员,在两个不联系群体间起到杠杆作用[198]。领导者联结不同小群体的能力决定了团队的整体有效性。而团队领导者具备良好的综合素质与能力,则能够快速地联结正式与非正式的小集团,由此实现知识的互联互通。从"连接纽带"的作用来说,领导者与不同小集团联结的频次越高,其能够获得的信息与资源也就越丰富,所能获得的社会支持也会越多。如果领导充分发挥"桥梁"作用,联结了团队中互不联系的小集团,那么不仅能够促进知识的流动,加强个体之间的联系[198],而且还能够高效整合独立小集团的资源,由此加快总体目标的实现。Hernandez 等提出,高绩效团队最显著的特征在于领导处于团队网络的中心位置,其能够扮演好"桥梁"的角色,联结团队中互不联系的独立个体或群体,由此加快知识的转移与共享[241]。Burt 则发现成功的经理人拥有的结构洞较多,信息优势与控制优势更明显[242]。此外,本书第 4 章对制造企业研发团队内部知识转移情景的模拟仿真结果显示,正式领导结构洞与研发团队平均知识增长率呈显著正相关,与研发团队知识离散系数呈显著负相关,即位于团队社会网络结构洞位置的正式领导能够有效提高团队知识转移效果。

基于以上分析,针对制造企业研发团队内部知识转移活动,本研究提出假设:H2b:正式领导结构洞对团队知识转移效能具有显著正向影响。

6.2 条件因素与演化过程因素对制造企业研发团队内部知识转移效能的影响

6.2.1 条件因素与演化过程因素的变量界定

为有效运用博弈理论,条件分析与演化过程分析皆是从制造企业研发团队内部知识转移效用角度出发。通过对我国制造企业研发团队内部知识转移的条件与演化过程分析发现,知识协同收益、知识转移成本与组织激励力度间关系对团队成员是否选择知识转移行为以及研发团队内部知识转移网络演化深度具有至关重要的作用。而知识协同收益、知识转移成本、组织激励力度最终由知识转移基本要素(知识转移主体、所转移知识与知识转移情景)的特征决定[173][177][178]。因此,为避免重叠考虑重要影响因素,统一研究视角,本节从知识转移的基本要素出发确定条件因素与演化过程因素的变量。知识转移基本要素主要包括知识转移主体、客体与知识转移情景。根据2.1.4节对关于制造企业研发团队内部知识转移基本要素的介绍,主体特征包括知识转移意愿、知识传授能力与知识学习能力,客体特征由知识缄默性表示。关于知识转移情景,6.1节已详细阐述了制造企业研发团队知识转移的网络情景对知识转移效能的影响,此处不再赘述。因此,本节将条件与演化过程因素确定为制造企业研发团队内部知识转移客体特征与主体特征两个方面。其中,客体特征是指知识缄默性,主体特征包括知识转移意愿、知识传授能力与知识学习能力三个维度。

6.2.2 知识缄默性与知识转移效能

知识缄默性源于知识的内隐性、复杂性、专属性等自身属性,它是由于行动者缺乏对技术或技巧的投入与产出、实行与反馈、原因与结果等内容的理解造成的,强调转移的相关知识是隐性的,其产生的结果是不确定的,相关的技术领域资源是模糊的。因此,知识缄默性不仅影响知识源的行为及行为效果,也会使得知识接受者付出更多的时间、精力去消化吸收所转移的知识。

关于知识内隐性,Pisano指出,知识的内隐性使得成员间知识交流活动出现各种障碍与冲突,必须建立密切的互动与合作关系才能真正实现知识的流通与传递[270];Nonaka认为,内隐性知识是通过经验获得的信念、价值、观点、技能等,它们很难被编码、表达及利用[136];胡昌平等也指出,知识的内隐性大大增加了知识的可表达性[269],而知识的可表达程度直接影响个体间知识沟通的有效性。关于知识的复杂性,有学者提出,复杂性是特定知识在技术、例行事项、人员及资源间连接的相关程度,知识的复杂性越高,人们对知识的理解越不深入,知识的可转移性就越低[19]。关于知识专属性,是因为一些工艺及经验等多种多样的知识体系存在于相关的个体当中,具有很强的情景依赖性,很难被直接模仿与学习[271]。此外,Zander等研究发现,知识的可编码程度越低,知识转移效果越差[272]。Suhk等指出知识的特殊性与知识转移效果间存在负相关关系[273]。朱亚丽等学者从企业层面出发,研究发现知识缄默性对企业间知识转移效果具有负向影响[274]。刘伟等通过对规模较大的IT外包公司的217份有效调查问卷的实证研究发现,知识缄默性对IT外包知识转移具有负向影响[275]。

在制造企业研发团队内部知识转移过程中,所转移知识多嵌入在惯例和人的头脑中,难以进行编码、表达,如经验、技能、专利等,它们的主观性比较强,专业性与结构性较差,一方面不容易被传递,另一方面所传递的知识不能被很好地理解与使用,最终影响知识转移效果。

基于此,针对制造企业研发团队内部成员间的知识转移活动,本研究提出假设:H3:知识缄默性对知识转移效能具有显著负向影响。

6.2.3 知识转移主体特征与知识转移效能

根据6.2.1节,知识转移主体特征分为三个维度,包括知识转移意愿、知识传授能力与知识学习能力。本节将从不同维度出发,分别阐释知识转移主体特征与知识转移效能的关系机理。

6.2.3.1 知识转移意愿与知识转移效能

知识转移意愿是指知识源根据知识受体需求采取恰当的方式将自己的知识向知识受体传递的愿望程度。它强调知识源根据知识受体的知识需求与知识接受能力,选择正确的知识与正确的转移方式进行有目的的、公开的传授知识的意愿程度。知识源的主观意愿是决定知识转移质量与效果的关键因素。由于向他人转移自身知识意味着既有知识权威与竞争力的丧失[276][277],因此,只有在知识源对知识转移的回报预期远远高于成本预期时,才会花费时间与精力进行知识传递与共享。

在制造企业研发团队内部知识转移过程中,成员知识往往是通过长期知识积累与知识学习获取的技术、诀窍、经验、技术等缄默性知识,这些知识的存量水平直接决定着成员在团队中的价值与竞争力。若知识拥有者担心因知识转移而丧失既有知识权威与竞争力,则会导致团队成员缺乏知识转移意愿与动力,此时因缺乏知识转移内推力,成员间很少进行及时、准确、充分的知识交流与共享,直接影响成员间知识转移质量;若团队成员坚信通过知识转移不仅能够提高自身知识存量而且能够不断丰富团队知识库,在明确知识转移意愿与动机的情况下,知识源会积极地掌握知识受体的知识需求与知识接受水平,持续提供个性化的知识服务[278],团队成员间的知识沟通质量与效率将会大大提高。这表明知识源转移知识的意愿会直接影响知识的编码和译码能力,会影响知识沟通的准确性和全面性,进而影响知识转移效果[279]。

基于以上分析,针对制造企业研发团队内部成员间的知识转移活动,本研究提出假设:H4a:知识转移意愿对团队知识转移效能具有显著正向影响。

6.2.3.2 知识传授能力与知识转移效能

在知识转移过程中,知识源不仅需要强烈的知识转移意愿,还需具备较高的知识传授能力。知识传授能力是指知识源在清晰认知自身知识价值与用途的前提下,能够根据知识受体的知识需求与接受能力,准确选择预转移知识内容并以恰当的方式与形式传递给知识受体[280],主要包括知识的认知、编码、表达能力。有学者研究提出,在知识交流过程中,知识拥有者对知识的认知、编码与表达能力越强,越能准确地解释与表述缄默性的技术知识,进而促进全面知识交流与沟通[14]。

知识认知能力是指对自身知识价值与用途的深刻理解,及对其他个体知识需求与学习接受能力的识别能力。知识源的知识认知能力既能够使其清楚了解自身知识的存量与价值,而且能够准确洞悉知识受体到底需要哪些知识,以及他们学习知识的能力水平与接受方式。因此,知识源的知识认知能力能够显著提高知识转移的效率与质量。知识编码能力是指为使得隐性知识更加明晰、易于理解,将知识的表达从一种形式转换为另一种形式的能力。由于在制造企业研发团队内部,成员间所转移的知识多为不易于理解与掌握的缄默性知识,因此,需要知识源具备较高的知识编码能力,能够快速传递与反馈更多的缄默性知识,实现及时、准确、充分、高质量、高效率的知识转移。知识表达能力是指善于将自己的想法或思想以他人易于理解与掌握的文字或语言的形式表达出来。由于制造企业研发团队内部成员间所转移知识多嵌入于经验、价值、惯例、行动中,因此,需要较强的知识表达能力,才能使知识受体对所转移的缄默性知识有更直观、更清楚的理解与认识,有助于知识受体对转移知识的消化吸收[281]。

因此,基于上述分析,针对制造企业研发团队内部成员间的知识转移活动,本研究提出假设:H4b:知识传授能力对团队知识转移效能具有显著正向影响。

6.2.3.3 知识学习能力与知识转移效能

学习能力主要体现在个体自我求知、行动与发展的过程中,包括外部技能与内部技能。外部技能是指个体在学习过程中表现出的有效学习行为技能,如听课、查阅资料、咨询等;内部技能是指个体在学习过程中表现出的有效思维与记忆技能,如编码、理解、提取等。本研究中的知识学习能力强调制造企业研发团队成员能够快速准确地筛选所需知识,并将其融入自有知识库,不断优化既有知识库,最终提高自身知识创新技能的能力。

在制造企业研发团队中,当团队成员具有较强的知识学习能力时,一方面他们能够快速准确地获取有用知识,并实现新知识的消化、吸收、应用与再创造,促进团队成员间知识共享与转移进程;另一方面,他们在知识转移过程中的分析和解决问题的能力也会随之增强,进而能够在知识转移过程中更充分有效地吸收、消化与应用新知识,最终积极推动团队知识转移。因此,基于上述分析,针对制造企业研发团队内部成员间的知识转移活动,本研究提出假设:H4c:知识学习能力对团队知识转移效能具有显著正向影响。

6.3 团队内部社会网络的调节作用

6.3.1 知识缄默性、团队社会网络密度与知识转移效能

Reagans 和 McEvily 在进行实证研究时,提出了如下假设:高社会网络密度更能够刺激知识源发送知识的意愿,由此则实现了缄默性知识的转移[48]。然而,在后续的研究中,Reagans 和 McEvily 并没能完全证明上述假设,其发现网络密度对知识源发送知识意愿的促进作用并没有预期的大。Levin 等学者则表示知识转移效果与知识源和接受者的信任与亲密程度存在密切联系[294],而高密度网络中成员的合作程度及声望维护程度,都能够帮助知识转移双方建立亲密的、信任的关系,使其更乐于并善于在二者间进行知识交流与传递。同时,在研究中,该学者还发现,对于不同性质的知识,由知识转移双方的亲密与信任程度所产生的促进作用也存在较大的差异。比如,当两者传递显性知识时,接受者

对知识源的依赖性较低,因此双方的亲密或信任程度对知识转移效果并没有太大的影响;当两者之间传递隐性或缄默性知识时,这类知识对知识源的个人经验、专业性、直觉等都有着直接关系,因此在知识转移过程中,知识源只有充分了解接受者的知识需求、解码能力与接受水平,才能实现隐性或缄默性知识的转移。结合前人的研究成果,本研究认为,在高密度网络中,双方所建立的亲密信任关系,一方面能够减少接受者在知识转移过程中对风险的担忧,由此使他/她默认或允许知识源向其传授隐性或缄默性知识;另一方面,更重要的是知识源能够准确判断知识接受者的知识需求、解码能力及接受能力,从而保障双方缄默性知识转移的高效率与高质量。综上分析,团队社会网络密度能够缓解缄默性知识转移的难度,当团队社会网络密度较高时,将会因为合作准则的约束作用,加快缄默性知识的流通与吸收,使其具有一个好的转移效果。

基于以上分析,针对制造企业研发团队内部知识转移活动,本研究提出假设:H5a:团队社会网络密度能够显著调节知识缄默性对知识转移效能的负向作用。

6.3.2　知识缄默性、团队社会网络中心性与知识转移效能

在前文的表述中,我们强调网络中心度高的个体拥有更明显的知识优势与控制优势,能够增强其知识传授能力。另外,我们还指出网络节点存在竞争性,这个特征将会大大提升知识源转移知识的意愿。对此,可得出结论,知识源传授知识能力的提升,及转移知识意愿的增强,将会加快缄默性知识的流通与吸收,由此增强其转移效果。另外,由于被选择个体之间存在的竞争,网络中心度高的接受者为了突出自己的竞争优势,保持自身在网络中的位置优势,会不断地增加知识存量,因此也更愿意接受知识,这也可以在一定程度上降低缄默性知识转移的难度,增强知识转移效果。如,Bekkers 等在对制造商企业进行研究时发现,公司在产业网络中越靠近中心位置,其所掌握的信息优势就越明显,也更容易获得产业中的第一手资讯[295]。Kraatz 研究发现,接受者如果无限接近于中心位置,那么其学习知识的能力也会大大提升[293]。我国学者许小虎等则表示,网络中心度对接受者知识吸收能力有着正向促进作用[296]。

基于以上分析,针对制造企业研发团队内部知识转移活动,本研究提出假设:H5b:团队社会网络中心性能够显著调节知识缄默性对知识转移效能的负向作用。

6.3.3　知识缄默性、团队社会网络结构洞与知识转移效能

在拥有较高比例结构洞的组织中,个体具有多样化的合作伙伴,知识转移

双方能够积累更多的经验与技巧,从而使得知识源具备较强的知识释放能力,知识接受方拥有较强的知识吸收能力,知识源能够将发送的知识编码成接受方容易理解的语言,知识接受方能够在有效吸收各种缄默性程度比较高的复杂知识时更加游刃有余,从而使得缄默性知识的转移变得更加容易。

结构洞具有两种优势:其一,信息优势。根据罗纳德·伯特的观点,结构洞作为网络中的"连接纽带",能够接收来自不同领域的异质性信息,因此相较于其他个体而言,处于结构洞位置的个体所掌握的知识更丰富。另外,结构洞的"中介"位置优势,也使得处于该位置的个体获得了多样化的信息资源,从而为结点对隐性知识的释放能力、编码能力与学习能力的增强提供客观条件。其二,控制优势。结构洞由于处于网络中的枢纽位置,占据了整个信息传输的关键位置,因此拥有了结构洞,就等于控制了信息交通枢纽。也正因为如此,处于结构洞的个体能够决定资源走向,同时联结毫无联系的小集团,而在这个过程中,结构洞则因为资源的分配与自身的联结性而拥有了控制优势与话语权。另外,当接受者需要大量异质性或缄默性的知识时,其只要与信息优势明显的"中介人"保持联系,便能获得有用、充足的知识。而且,在具体的操作中,处于结构洞的"中介人"也会发挥"桥梁"作用,把不同类型的个体或群体联结起来,让他们之间进行知识交换与转移。综上而言,在促进知识转移的过程中,要充分发挥结构洞的作用,运用"结构洞效益理论",以此来提升缄默性知识的获取能力,增强缄默性知识的转移效果。

基于以上分析,针对制造企业研发团队内部知识转移活动,本研究提出假设:H5c:团队社会网络结构洞能够显著调节知识缄默性对知识转移效能的负向作用。

6.3.4 知识缄默性、团队社会网络平均距离与知识转移效能

Hansen 认为,不可编码知识的转移需要知识源耗费较多的精力。其表示,在编码知识时,双方需要构建统一的语言体系,才能够确保知识准确无误地传递与转移。而要想形成统一的语言体系,知识转移双方需要不断地交流、反馈,这样势必会花费知识源大量的精力。近距离联结有利于刺激知识源发送知识的意愿,使其乐于花费精力与接受者进行沟通,而且近距离联结也在一定程度上降低了双方的沟通成本,使其能够就近对知识转移中存在的问题进行探讨与解决,由此增强不可编码知识转移的效果[260]。相较于不可编码知识,可编码知识对双方是否建立统一的语言体系并没有太大的要求,知识源也不必花费过多

的精力对知识进行编码。因此,在这个过程中,知识源是否存在发送知识的意愿并不重要。所以在可编码知识领域中,近距离联结反而无法发挥作用。相较而言,在可编码知识的转移中,远距离联结更能够增强知识转移效果,其能够凭借非冗余性信息,提高接受者知识获取的丰富度,拓宽接受者的信息来源渠道,由此进一步增强可编码知识的转移效果。

Uzzi 和 Lancaster 通过实证研究发现,不同性质的关系所呈现出的知识转移效果也各不相同[297]。近距离联结所构建的嵌入式关系,能够帮助知识转移双方形成信任基础,由此减少双方对知识转移风险的担忧,使知识源更乐于传递知识,使接受者更积极地接受信息。另外,近距离联结所建立的嵌入式关系,也能够加深知识转移双方对彼此的认识,由此提高知识转移的针对性,使知识源传递的知识更能够符合接受者的需求。缄默性知识的转移需要有一定的信任基础,因此从这个层面而言,嵌入性关系的建立有利于促进缄默性知识的转移。与缄默性知识不同,公共性知识的转移不需要深厚的信任基础,而是需要更丰富的来源。对此,远距离联结能够在有限的条件下,帮助接受者获取更多的异质性消息,拓宽其知识来源渠道。所以,从这个层面来说,远距离联结所构建的市场关系有利于公共性知识的转移。

综上而言,团队社会网络中的联结距离与知识转移之间存在必然的联系。近距离联结能够激发知识源发送知识的意愿,加深知识转移双方的信任基础,因此,对于那些私密性强的缄默性知识而言,其有利于提高缄默性知识在转移中的可接受性,由此增强了此类知识的转移效果。

基于以上分析,针对制造企业研发团队内部知识转移活动,本研究提出假设:H5d:团队社会网络平均距离能够显著调节知识缄默性对知识转移效能的负向作用。

6.4 制造企业研发团队内部知识转移效能影响因素的概念模型

根据上述总结分析,本研究共提出制造企业研发团队内部知识转移效能影响因素的 14 个研究假设,具体见汇总表 6.1 所示。

表6.1 研究假设汇总表

假设编号	假设内容	影响类型
H1a	团队社会网络密度与团队知识转移效能呈倒"U"型相关	倒U
H1b	团队社会网络中心性与团队知识转移效能呈倒"U"型相关	倒U
H1c	团队社会网络结构洞与团队知识转移效能呈倒"U"型相关	倒U
H1d	团队社会网络平均距离与团队知识转移效能呈倒"U"型相关	倒U
H2a	正式领导中心性与团队知识转移效能正向相关	正向
H2b	正式领导结构洞与团队知识转移效能正向相关	正向
H3	知识缄默性与知识转移效能负相关	负向
H4a	知识转移意愿对团队知识转移效能有显著正向影响	正向
H4b	知识传授能力对团队知识转移效能有显著正向影响	正向
H4c	知识学习能力对团队知识转移效能有显著正向影响	正向
H5a	社会网络密度能够显著调节知识缄默性对知识转移效能的负向作用	调节
H5b	社会网络中心性能够显著调节知识缄默性对知识转移效能的负向作用	调节
H5c	社会网络结构洞能够显著调节知识缄默性对知识转移效能的负向作用	调节
H5d	社会网络平均距离能够显著调节知识缄默性对知识转移效能的负向作用	调节

根据上述假设推理分析,本研究以制造企业研发团队内部知识转移为内容,从制造企业研发团队内部知识转移的情景因素、条件因素与演化过程因素出发,构建了制造企业研发团队内部知识转移效能影响因素的整体假设模型,如图6.1所示。

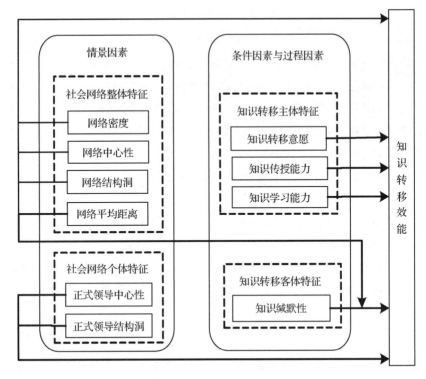

图 6.1 制造企业研发团队内部知识转移效能影响因素的概念模型

6.5 制造企业研发团队内部知识转移效能影响因素的实证分析

6.5.1 量表设计

根据研究假设与量表的一般设计程序,本节构建了制造企业研发团队内部知识转移效能影响因素研究中所涉及变量的测量量表。

首先,确定变量的初始测量问题。为保证测量工具的信度及效度,本研究主要借鉴国内外相关文献的成熟量表,并结合中国制造企业研发团队的特定情境,初步确定各类变量的测量问题,包括各变量的定义、具体测量问题与量表理论来源。虽然大多是在西方文化情境下开发的,但都经过中文修订,并已应用于中国情景中。

① 被解释变量——知识转移效能

效能原意是指蕴藏在事物内部有价值的效用与能量,包括效率、质量、效益与能力。从管理学视角来看,效能主要强调效果与能力,是指在一定条件下组织或个体在管理活动中起到的效果和表现出的达到既定目标的能力。知识转移效能是指组织或个体达到知识转移系统整体目标的程度与能力[266]。因此,本研究采用知识转移效能来全面衡量制造企业研发团队知识转移的效率、质量、效益及能力。知识分享程度包含知识转移的效率、效益及质量,强调知识转移过程中团队成员间知识分享的数量多少与质量高低[298];知识吸收能力包含实现知识转移目标的保证能力,强调知识接受者对来自知识发送者的新知识的理解能力、转化能力和应用能力[301][303]。即知识转移活动是否真正有效不仅取决于个体间知识分享程度,还取决于知识受体的知识吸收能力[303]。因此,本研究从知识分享程度与知识吸收能力两个维度来衡量知识转移效能。

本研究结合研究需求与制造企业研发团队知识转移实际情境,参考 Al-Alawi 等(2007)[299]、徐小英(2011)[300]、Camisón 等(2010)[304]、Flatten 等(2011)[305]的研究成果,分别确定了7个题项来衡量知识分享程度、7个题项来衡量知识吸收能力,具体见表6.2、表6.3。

表6.2 知识分享程度测量题项

测量变量	测量题项	参考文献
知识分享程度	我们会将自己的知识转移给其他人	Al-Alawi 等(2007)[299]、徐小英(2011)[300]
	我和同事们经常共同分析和解决问题	
	我和同事们经常一起交流专业领域的知识	
	我和同事间分享的知识可靠性非常高	
	我和同事间分享的知识很容易被理解和接受	
	我对其他同事转移知识的数量和质量都很满意	
	我和同事间分享的知识对实际工作很有帮助	

表6.3 知识吸收能力测量题项

测量变量	测量题项	参考文献
知识吸收能力	我能够快速识别和收集新知识和新信息	Camisón 等(2010)[304]、Flatten 等(2011)[305]
	我能够与其他成员充分沟通与交流	
	我能够快速地学习所欠缺知识	
	我能够理解并掌握其他成员提供的新知识	
	我能够高效地从团队资料库中搜寻所需知识	
	我能够快速了解本行业的最新发展状态	
	团队拥有科学规范的知识管理程序	

② 解释变量——条件因素与过程因素

a. 知识缄默性

知识缄默性源于知识的内隐性、复杂性、专属性等自身属性,它是由于行动者缺乏对技术或技巧的投入与产出、实行与反馈、原因与结果等内容的理解造成的,强调所转移知识是隐性的、缘由是缄默的、结果是不确定的及技术资源是模糊的。在制造企业研发团队内部知识转移中主要以内隐的、复杂的、专用的知识为主,如根植于个体思维或习惯中的经验、阅历、诀窍、技能、观点等。关于知识特性的维度划分,虽然国内外学者的相关观点具有较大差异,但这些维度间存在很强相似性与相关性,如默会性、默示性、内隐性、隐含性、系统性、可表达性、可编码性、明晰性、依附性、嵌入性、复杂性、专用性、特殊性。在前人关于知识特性研究成果基础上,Reagans 等认为,知识的默会性、可表达性、可编码性等特性最终可概括为知识缄默性,即知识能否明确表述的特性[48]。因此,本研究采用知识的缄默性表示知识的特性。根据本研究的研究需求及制造企业研发团队知识转移的实际情境,参考 Kostov[307]与冯长利[308]的研究成果,笔者选取了 5 个题项来衡量制造企业研发团队内部所转移知识的缄默性,具体见表 6.4。

表 6.4 知识缄默性测量题项

测量变量	测量题项	参考文献
知识缄默性	我和同事间转移的知识通常难以用语言或文字表述	Kostov[307]、冯长利[308]
	我从同事那里获取的知识通常需要通过工作实践慢慢领会	
	我和同事间转移的知识专业化程度很高,通常是跨越多个专业领域的知识	
	我从同事那里获取的知识需要经过其亲自教导才能理解	
	在团队中接触的新知识通常需要经过专门培训才能应用	

b. 知识传授能力

在制造企业研发团队内部知识转移过程中,知识传授能力是指知识发送者清晰认知自有知识的价值和用途、准确识别知识接受者的知识需求、准确评估知识接受者的知识接受能力及采取恰当的知识传递方式的能力,包括知识认知能力、知识编码沟通能力与知识表达能力。因此,知识发送者的知识传授能力要从三个方面进行衡量：第一，能否清楚地知道自身知识的价值和用途；第二，能否准确地识别转移对象需要什么、对知识的接受能力及其熟悉的知识编码方式；第三，能否清楚准确地表达欲向对方转移知识的内容。结合本研究的研究目标与制造企业研发团队实际情境，参考 Park[303]与任丽丽[309]的研究成果，笔者选取了6个题项衡量知识发送者的知识传授能力，具体见表6.5。

表6.5 知识传授能力测量题项

测量变量	测量题项	参考文献
知识传授能力	我清楚地了解所持有知识具备的实际价值	Park[303]、任丽丽[309]
	我清楚地了解所持有知识的实际用途	
	我经常能够准确地识别知识接受者的知识需求	
	我能够根据知识接受者的特征选择适合的方式传递知识	
	我经常为其他成员接受新知识提供有效帮助	
	我在知识转移方面有丰富的成功经验	

c. 知识学习能力

在制造企业研发团队内部知识转移过程中，知识学习能力是对团队成员学习态度、学习技能与学习目标的综合评价，强调团队成员求知、行事、发展进步的能力。本研究将其定义为知识接受者准确选取新知识、融入自有知识库、优化自有知识结构、实现新知识与自有知识再创造并利用新知识解决实际问题的能力。依据本研究的研究需求与制造企业研发团队内部知识转移特定情境，参考陈劲等[310]与刘春艳[266]的研究成果，笔者选取了4个题项来衡量研发团队内部知识转移过程中知识接受者的知识学习能力，具体见表6.6。

表6.6 知识学习能力测量题项

测量变量	测量题项	参考文献
知识学习能力	我对新知识充满求知欲，很愿意去主动学习外部新知识	陈劲等[310]、刘春艳[266]
	我经常有学习外部新知识的实际行动	
	我有实际有效的学习新知识的方法	
	我经常应用新知识解决实际问题	

d. 知识转移意愿

在制造企业研发团队中,知识转移意愿是指知识发送者是否愿意向知识接受者转移自有知识及愿意在多大程度上与知识接受者共享自有知识。知识发送者的知识转移意愿程度可以通过知识发送者花费在知识转移方面的时间、精力、人力及资源来定量衡量。结合制造企业研发团队实际研究情景与本研究需求,参考学者Dixon[311]与任旭等[313]的研究成果,笔者选取了6个题项来衡量制造企业研发团队内部知识转移过程中知识发送者的知识转移意愿,具体见表6.7。

表6.7 知识转移意愿测量题项

测量变量	测量题项	参考文献
知识转移意愿	我很乐意与他人分享自己的知识和工作经验	Dixon[311]、任旭等[313]
	对于新成员,我会主动帮助他们适应新环境	
	我会主动将自己在工作中的经验教训记录下来存入团队资料库	
	在团队讨论中,我会尽自己所能提供意见	
	我会积极参加团队组织的知识交流活动	
	在知识转移方面,我投入了充足的时间和精力	

③ 解释变量——情境因素

社会网络没有标准的量表,很少有研究者进行效度和信度检验。一般根据研究的需要进行测项的取舍而获得相应的网络资料。但是朱亚丽(2009)[312]对咨询网络和友谊网络量表进行了因子分析,得到两个因子的累计解释变异量为93%,咨询网络的Cronbach α值为0.95,友谊网络的Cronbach α值为0.90。因此本研究结合朱亚丽(2009)[312]的测量题项,在对制造企业研发团队进行深度访谈的基础上,实现行为测量的嵌入性。具体测量题项包括"在工作中遇到困难时,您和哪些伙伴交流比较多?""在工作中遇到困难时,哪些伙伴会主动指导您?""您愿意和哪些伙伴探讨私事?""您和哪些伙伴经常一起吃饭?"由于该测量题项是借鉴国内外相关文献的成熟量表,并已应用于中国情景中,因此,可以认为这些测量题项具有良好的信度与效度(本研究不再对情景因素测量题项的信度与效度进行测量)。

社会网络结构测量量表与一般自评量表不同,需要设定被调查群体范围,并对群体中所有成员进行编号,形成代号表,在社会网络调查时,让填答者依照代号表上所描述的语句,填入符合条件的同事代号。对社会网络测量问卷数据整理得到每个人选择和被选择的数据之后,通过运用 Ucinet 6.0 软件对量表测量结果进行计算,从而得出团队内部社会网络的结构变量(社会网络密度、社会网络中心性、社会网络结构洞、社会网络平均距离、正式领导中心性与正式领导结构洞),具体计算公式见 4.1.2 节。

④ 控制变量

本研究中的控制变量包括个体、团队两个层面。参照已有相关研究,本研究以团队所属企业类型、团队规模、团队年限作为团队层面的控制变量;以成员的性别、年龄、学历、职位、职称等作为个体层面的控制变量。以上控制变量均为一般分类变量,本研究采用单项选择法进行测量。

其次,初步定性修正。为使测量量表更具科学性与完备性,本研究采用小规模深度访谈定性方法对各变量测量量表进行初步修订。深度访谈对象定位为对本研究具有深度见解的从事知识管理领域的科研人员或制造企业研发团队中的研发人员,包括大学教授、副教授、企业总工程师及资深研究员。访谈的核心问题如下:题项内容与测量目标一致吗? 测量题项有多余的吗? 有遗漏测量内容? 题项的表述或措辞足够准确简洁吗? 题项的表达方式通俗易懂吗? 题项的表述有误导嫌疑吗? 题项的内容有歧义吗? 题项数量合适吗? 深度访谈结果显示初始量表尚存在一些问题,如个别变量的测量题项间存在交叉、有些测量题项的表述与措辞不够精练、有些题项多余等。借鉴专家学者的意见,通过主观分析对量表进行相应删除、合并与措辞修改,初步定性修订后形成初始量表,见表 6.8。

表6.8 初始量表的汇总

变量			维度	编号	题号	题项
因变量	知识转移效能		知识分享程度 KS	KS1	Q1	我和团队其他成员经常一起交流专业领域的知识
				KS2	Q2	我和团队其他成员经常合作,共同分析和解决问题
				KS3	Q3	我和团队其他成员分享的知识很容易被理解和接受
				KS4	Q4	团队成员间分享的知识对我的实际工作很有帮助
				KS5	Q5	我对团队内部的知识分享活动效果十分满意
			知识吸收能力 KA	KA1	Q6	我能够理解其他团队成员提供的新知识
				KA2	Q7	我能够快速吸收消化其他团队成员提供的新知识
				KA3	Q8	我能够将吸收的新知识与自由知识很好地融合
				KA4	Q9	我能够将相互融合的知识应用于实际研发工作中
				KA5	Q10	通过知识转移,我的知识能力、创新能力和创新水平都得到了提升
自变量	条件因素与过程因素	知识缄默性	知识缄默性 KM	KM1	Q11	我和团队其他成员间转移的知识多跨越多个专业领域,专业化程度很高
				KM2	Q12	我从团队其他成员那里获取的知识需要经过其亲自教导才能理解
				KM3	Q13	我从团队其他成员那里获取的知识需要通过工作实践慢慢领会
				KM4	Q14	在团队中接触的新知识需要经过专门培训才能应用

续表

变量		维度	编号	题号	题项
自变量	条件因素与过程因素	知识转移能力	知识传授能力 KI	KI1	Q15	我清楚地了解所持有知识具备的实际价值
			KI2	Q16	我清楚地了解所持有知识的实际用途
			KI3	Q17	我能够准确地识别知识接受者的知识需求
			KI4	Q18	我能够为其他团队成员接受新知识提供有效帮助
		知识学习能力 KL	KL1	Q19	我很愿意主动学习外部新知识
			KL2	Q20	我虚心学习外部新知识
			KL3	Q21	我有实际有效的学习新知识的方法
			KL4	Q22	我能应用新知识解决实际问题
	知识转移意愿	知识转移意愿 KW	KW1	Q23	我很乐意与团队其他成员分享自己的知识和工作经验
			KW2	Q24	在团队讨论中,我会尽己所能提供意见
			KW3	Q25	在知识转移方面,我投入了充足的时间和精力
			KW4	Q26	我能主动提出改进团队内部知识转移的优化方案
	情境因素	团队社会网络整体特征与个体特征	NC	Q27	在工作中遇到困难时,您和哪些伙伴交流比较多?
				Q28	在工作中遇到困难时,哪些伙伴会主动指导您?
				Q29	您愿意和哪些伙伴探讨私事?
				Q30	您和哪些伙伴经常一起吃饭?
控制变量	团队层面	所属行业	TI	Q31	您所在团队所属的制造业行业
		团队规模	TS	Q32	您所在团队的总人数
		团队年龄	TA	Q33	您所在团队成立的时间
	员工层面	性别	G	Q34	您的性别
		年龄	A	Q35	您的年龄
		学历	E	Q36	您的学历
		职位	P	Q37	您在团队中的位置
		职称	T	Q38	您现在的职称

再次,定量修正(小样本预测试)。为检验初始量表的有效性与可靠性,笔者使用初始量表进行预调研,对初始量表进行小样本信度与效度检验,从而进一步对量表进行修正。

效度指采用同样的方法对同一对象重复测量时所得结果的一致性程度。本研究采用最常用的信度系数 Cronbach's α(适用于态度与意见形式的量表信度检验)来检验量表信度。效度包括结构效度、内容效度与准则效度三种类型。由于本研究测量量表是参照国内外较成熟量表且已采用深度访谈法进行了修正,故可认为内容效度良好;而准则效度的测量方法受到技术性限制,这里不做研究。本研究主要运用探索性因子分析法检验量表的结构效度。结构效度是指测量结果体现出来的某种结构与测值之间的对应程度,包括收敛效度与区别效度。

由于预调查对样本数要求不高,因此采用方便抽样,实地走访黑龙江省多家制造企业研发团队,包括农副食品加工业、食品制造业、通用设备制造业、交通运输设备制造业等,随机向团队人员发放问卷,共回收问卷 69 份,经过甄选,最终获得有效问卷 55 份,问卷有效回收率为 79.7%。预调查的小样本描述性统计分析见表 6.9。从表中发现:在预调查获取的 55 份有效样本中,从事交通运输设备制造业与电气机械及器材制造业的有 31 人,占 56.4%;样本所在团队规模多集中于 6~10 人,共计 26 个样本,占 47.3%;样本所在团队成立年份多集中在 6~10 年,有 25 个样本,比例高达 45.5%;样本中男性占大多数,占总样本的 69.1%;年龄多集中于 26~45 岁,即多属于中青年,合计占 76.4%;大多数具有研究生学历,总计 45 人,占样本总数的 81.8%;一般科研人员最多,共计 27 人,占 49.1%;具有中级、副高级职称的人数较多,总计 43 人,占总样本的 78.2%。由上述统计分析可知,预调查样本数据分布特征基本合理,基本契合制造企业研发团队特征,符合研究要求。

小样本信度与效度分析结果见表 6.10 与表 6.11。观察表可知,总相关系数 CITC(同一变量维度下,每一问题与其所属维度的其他问题总和的相关系数)均大于 0.5,α 均大于 0.7,且删除相应题项后的 α 均没有提高,即测量量表信度良好。KMO(Kaiser-Meyer-Olkin)值均大于 0.7,Bartlett 球体检验 x^2 统计值的显著性均为 0.000,因此,数据均适合做因子分析。每个测量问题在单一因子上的负荷值均大于 0.5,且没有出现交叉负载现象,共同因子的累积方差贡献率超过了 50% 的标准,即测量量表均具有良好收敛效度与区别效度。

表6.9 小样本情况分布统计表

属性	类型	样本数量	百分比/%	累计百分比/%
所属行业	金属制品业	5	9.0	9.0
	农副食品加工业	3	5.5	14.5
	通用设备制造业	6	10.9	25.4
	交通运输设备制造业	17	30.9	56.3
	电气机械及器材制造业	14	25.5	81.8
	通信设备、计算机及其他电子设备制造业	10	18.2	100.0
团队规模	5人及以下	2	3.6	3.6
	6~10人	26	47.3	50.9
	11~15人	22	40.0	90.9
	16~20人	4	7.3	98.2
	21人及以上	1	1.8	100.0
团队年龄	5年及以下	5	9.1	9.1
	6~10年	25	45.5	54.6
	11~20年	18	32.7	87.3
	21年及以上	7	12.7	100.0
性别	男	38	69.1	69.1
	女	17	30.9	100.0
年龄	25岁及以下	1	1.8	1.8
	26~35岁	20	36.4	38.2
	36~45岁	22	40.0	78.2
	46~55岁	10	18.2	96.4
	56岁及以上	2	3.6	100.0
学历	大专	0	0	0
	本科	10	18.2	18.2
	硕士	24	43.6	61.8
	博士	21	38.2	100.0
职位	一般科研人员	27	49.1	49.1
	科研骨干	24	43.6	92.7
	团队带头人	4	7.3	100.0

续表

属性	类型	样本数量	百分比/%	累计百分比/%
职称	初级工程师	3	5.4	5.4
	中级工程师	23	41.8	47.2
	副高级工程师	20	36.4	83.6
	正高级工程师	9	16.4	100.0

表6.10 小样本信度分析结果

变量名称	题项	CITC(>0.5)	α(>0.7)	题项删除后的α
知识分享程度	KS1	0.823	0.869	0.809
	KS2	0.807		0.834
	KS3	0.789		0.846
	KS4	0.812		0.821
	KS5	0.775		0.859
知识吸收能力	KA1	0.841	0.872	0.801
	KA2	0.821		0.812
	KA3	0.810		0.831
	KA4	0.852		0.789
	KA5	0.849		0.791
知识缄默性	KM1	0.901	0.871	0.720
	KM2	0.847		0.815
	KM3	0.861		0.769
	KM4	0.886		0.745
知识传授能力	KI1	0.890	0.887	0.738
	KI2	0.811		0.831
	KI3	0.746		0.862
	KI4	0.804		0.844
知识学习能力	KL1	0.772	0.896	0.858
	KL2	0.788		0.852
	KL3	0.711		0.889
	KL4	0.724		0.869
知识转移意愿	KW1	0.850	0.902	0.790
	KW2	0.778		0.854
	KW3	0.698		0.887
	KW4	0.713		0.872

表 6.11 小样本的效度分析结果

变量名称	题项	共同因子					
		因子1	因子2	因子3	因子4	因子5	因子6
知识分享程度	KS1	0.119	0.255	0.855	0.089	0.352	0.244
	KS2	0.082	0.214	0.901	0.352	0.271	0.056
	KS3	0.001	0.170	0.789	0.088	0.251	0.181
	KS4	0.232	0.154	0.688	0.301	0.211	0.199
	KS5	0.044	0.038	0.737	0.153	0.247	0.199
知识吸收能力	KA1	0.899	0.321	0.285	0.208	0.041	0.311
	KA2	0.905	0.211	0.159	0.228	0.071	0.065
	KA3	0.842	0.355	0.213	0.258	0.044	0.169
	KA4	0.811	0.048	0.055	0.317	0.196	0.057
	KA5	0.801	0.000	0.048	0.056	0.212	0.251
知识缄默性	KM1	0.058	0.779	0.178	0.196	0.029	0.119
	KM2	0.000	0.588	0.088	0.031	0.258	0.101
	KM3	0.220	0.721	0.000	0.055	0.108	0.119
	KM4	0.305	0.802	0.311	0.282	0.115	0.067
知识传授能力	KI1	0.411	0.239	0.000	0.259	0.771	0.043
	KI2	0.229	0.321	0.059	0.142	0.758	0.033
	KI3	0.225	0.369	0.228	0.075	0.691	0.217
	KI4	0.009	0.154	0.188	0.099	0.652	0.141
知识学习能力	KL1	0.055	0.067	0.055	0.161	0.229	0.901
	KL2	0.070	0.118	0.000	0.216	0.159	0.895
	KL3	0.119	0.009	0.007	0.181	0.221	0.877
	KL4	0.088	0.146	0.228	0.119	0.064	0.706
知识转移意愿	KW1	0.241	0.017	0.255	0.877	0.037	0.089
	KW2	0.181	0.258	0.319	0.749	0.210	0.100
	KW3	0.007	0.218	0.289	0.721	0.301	0.065
	KW4	0.231	0.025	0.091	0.699	0.228	0.117
KMO 值		0.802					
显著性 Sig.		0.000					
累计方差贡献率		48.801	59.125	65.411	71.772	78.390	85.169

最后,形成正式量表。综合上述分析,本研究经过定性修正与定量评价,确定了一系列关于研究变量知识分享程度、知识吸收能力、知识缄默性、知识传授能力、知识学习能力、知识转移意愿、团队社会网络整体特征与个体特征的测量题项,最后在此基础上形成制造企业研发团队内部知识转移影响因素调查问卷,具体参见附录。

第一部分,问卷说明。为了使被调查者更准确地填写问卷,该部分一方面明确了本研究情境下的知识和知识转移的概念,另一方面说明了本研究调查问卷的填写形式。

第二部分,问卷基本内容。由30个测量问题组成,分别对知识分享程度、知识吸收能力、知识缄默性、知识传授能力、知识学习能力、知识转移意愿、团队社会网络整体特征与个体特征进行调查。其中,知识转移效能(知识分享程度、知识吸收能力)、条件与过程因素(知识缄默性、知识转移意愿、知识传授能力、知识学习能力)的测量题项均采用7点Likert量表形式,1~7代表符合程度,依次为"非常不同意"到"非常同意";情景因素(社会网络密度、社会网络平均距离、社会网络中心性、社会网络结构洞、正式领导中心性、正式领导结构洞)的测量问题采用多项选择法,依照代号表上所描述的语句,填入符合条件的团队成员代号。

第三部分,基本信息。由团队和个体两个层面的控制变量组成,共8个测量题项。其中,个体层面包括性别、年龄、学历、职称、职位,团队层面包括被调查者所在团队的规模、行业类型及团队年龄。

6.5.2 实证数据搜集

本研究采用问卷调查的方法采集数据,调查对象为30家制造企业的不同团队或部门的员工与领导。在企业人力资源部门的配合下,企业员工或领导均是自愿参与问卷填写。为避免同源偏差及便于情境因素——社会网络特征变量的相关数据计算与处理,调查问卷以套的形式下发至被调查团队,选择"团队领导—员工"配对的方式进行数据收集。每套包括若干份团队成员与团队领导问卷。在填写完成后,由填答者将自己的问卷封入已发的专用信封中,最后以团队或部门为单位回收。

本研究最终回收问卷795份,其中领导问卷56份,员工问卷739份,平均回收率83.7%。首先剔除未填写题项大于3的问卷,然后剔除仅有员工(或领导)问卷,或者员工与领导问卷比例小于3的团队样本,由于本研究的部分数据需进行汇聚处理,故对于团队成员有效问卷数低于团队总成员数 1/2 的团队样本也予以删除。最终得到 664 份(有效率 83.5%),其中领导问卷 50 份(有效率 89.3%),员工问卷 614 份(有效率 83.1%)。在有效样本中,每个团队包含领导数 1~3 个不等,员工数 3~50 个不等,团队成员平均数量为 12 人。在本研究有效团队成员中,平均年龄为 35.5 岁,拥有大学及以上学历的占 83.6%,男性占 72%,在现公司工作平均时间为 7.8 年。调查样本中生产工人占 8.1%,技术类员工占 57.6%,管理类员工占 40.4%。

6.5.3 信度与效度检验

依然采用 Cronbach's α 系数和探索性因素分析检验大样本数据信度和效度。检验结果如表 6.12 和表 6.13 所示。观察表可知,总相关系数 CITC(同一变量维度下,每一个问题与其所属维度的其他问题总和的相关系数)均大于 0.5,α 均大于 0.7,且删除相应题项后的 α 均没有提高,即测量量表通过了信度检验。KMO(Kaiser-Meyer-Olkin)值均大于 0.7,Bartlett 球体检验 x^2 统计值的显著性均为 0.000,因此数据均适合做因子分析。每个测量问题在单一因子上的负荷值均大于 0.5,且没有出现交叉负载现象,共同因子的累积方差贡献率超过了 50% 的标准,即测量量表均通过了收敛效度检验与区别效度检验。

表 6.12 大样本信度分析结果

变量名称	题项	CITC(>0.5)	α(>0.7)	题项删除后的 α
知识分享程度	KS1	0.841	0.873	0.819
	KS2	0.807		0.842
	KS3	0.762		0.851
	KS4	0.851		0.833
	KS5	0.790		0.869
知识吸收能力	KA1	0.801	0.885	0.809
	KA2	0.849		0.828
	KA3	0.828		0.841
	KA4	0.866		0.796
	KA5	0.809		0.805

续表

变量名称	题项	CITC(＞0.5)	α(＞0.7)	题项删除后的α
知识缄默性	KM1	0.882	0.880	0.738
	KM2	0.825		0.820
	KM3	0.834		0.777
	KM4	0.881		0.761
知识传授能力	KI1	0.855	0.892	0.748
	KI2	0.829		0.850
	KI3	0.755		0.869
	KI4	0.816		0.858
知识学习能力	KL1	0.780	0.915	0.871
	KL2	0.799		0.865
	KL3	0.756		0.899
	KL4	0.733		0.880
知识转移意愿	KW1	0.849	0.932	0.811
	KW2	0.736		0.874
	KW3	0.665		0.896
	KW4	0.703		0.891

表6.13 大样本的效度分析结果

变量名称	题项	共同因子					
		因子1	因子2	因子3	因子4	因子5	因子6
知识分享程度	KS1	0.201	0.355	<u>0.825</u>	0.125	0.306	0.209
	KS2	0.106	0.347	<u>0.851</u>	0.289	0.338	0.117
	KS3	0.069	0.200	<u>0.819</u>	0.116	0.301	0.210
	KS4	0.306	0.174	<u>0.826</u>	0.401	0.285	0.319
	KS5	0.215	0.077	<u>0.806</u>	0.216	0.330	0.171
知识吸收能力	KA1	<u>0.845</u>	0.321	0.199	0.208	0.041	0.311
	KA2	<u>0.881</u>	0.211	0.245	0.228	0.071	0.065
	KA3	<u>0.819</u>	0.215	0.413	0.258	0.044	0.169
	KA4	<u>0.821</u>	0.301	0.260	0.317	0.196	0.057
	KA5	<u>0.822</u>	0.044	0.188	0.056	0.189	0.251

续表

变量名称	题项	共同因子					
		因子1	因子2	因子3	因子4	因子5	因子6
知识缄默性	KM1	0.058	0.805	0.221	0.269	0.228	0.203
	KM2	0.000	0.799	0.155	0.130	0.308	0.087
	KM3	0.220	0.841	0.007	0.047	0.233	0.314
	KM4	0.305	0.866	0.410	0.171	0.167	0.114
知识传授能力	KI1	0.355	0.304	0.003	0.259	0.862	0.110
	KI2	0.247	0.211	0.045	0.192	0.816	0.001
	KI3	0.306	0.403	0.208	0.087	0.809	0.230
	KI4	0.027	0.203	0.266	0.224	0.817	0.199
知识学习能力	KL1	0.099	0.118	0.011	0.325	0.305	0.867
	KL2	0.144	0.036	0.000	0.144	0.166	0.881
	KL3	0.203	0.171	0.011	0.206	0.018	0.833
	KL4	0.047	0.206	0.397	0.133	0.089	0.817
知识转移意愿	KW1	0.206	0.006	0.154	0.844	0.124	0.009
	KW2	0.200	0.198	0.298	0.826	0.199	0.300
	KW3	0.001	0.301	0.322	0.807	0.366	0.004
	KW4	0.321	0.214	0.007	0.798	0.171	0.354
KMO 值		0.829					
显著性 Sig.		0.000					
累计方差贡献率		45.801	49.125	62.411	69.977	79.551	85.001

6.5.4 假设检验与实证结果

图 6.1 概念模型中包含直接效应和调节效应,本研究运用多元回归分析方法进行检验。共线性统计分析结果显示,TOL 均大于 0.6、VIF 均小于 10,即变量间共线性问题并不严重[314]。

（1）直接效应的检验

根据假设 H1a、H1b、H1c、H1d、H2a、H2b、H3、H4a、H4b、H4c,社会网络密度、中心性、结构洞、平均距离与知识转移效能间具有倒"U"型关系,正式领导中心性、正式领导结构洞、知识转移意愿、知识传授能力、知识学习能力对知识转移效能具有正向影响。整体模型检验结果见表 6.14 与表 6.15。

表6.14 团队社会网络结构、知识转移主体特征、知识缄默性与知识分享程度的回归分析

变量	KS									
	M1	M2	M3	M4	M5	M6	M7	M8	M9	M10
TI	0.082	0.079	0.071	0.066	0.051	0.049	0.040	0.035	0.028	0.022
TS	-0.353**	0.331	-0.320**	-0.291**	-0.288**	-0.253**	-0.249*	-0.242*	-0.239*	-0.232*
TA	0.169	0.160	0.155	0.146	0.140	0.129	0.115	0.112	0.081	0.059
G	0.085	0.079	0.070	0.068	0.064	0.037	0.025	0.021	0.016	0.011
A	-0.198	-0.184	-0.181	-0.172	-0.169	-0.162	-0.151	-0.066	-0.041	-0.029
E	0.412**	0.401**	0.377**	0.371**	0.366**	0.351**	0.339**	0.327**	0.314**	0.306**
P	0.188	0.184	0.180	0.174	0.156	0.114	0.108	0.055	0.034	0.012
T	0.166	0.151	0.122	0.109	0.100	0.082	0.069	0.055	0.041	0.026
den	0.299**	0.281**	0.269**	0.263**	0.255**	0.247**	0.242**	0.238*	0.234**	0.231**
den^2	-0.502**	-0.470**	-0.469**	-0.457**	-0.445**	-0.473**	-0.461**	-0.455**	-0.429**	-0.411**
cadm		0.472**	0.459**	0.472**	0.480**	0.422**	0.418**	0.409**	0.400**	0.386**
$cadm^2$		-0.376**	-0.331**	-0.301**	-0.367**	-0.305**	-0.294**	-0.288**	-0.279**	-0.261**
cb			0.341**	0.322**	0.336**	0.329**	0.322**	0.319**	0.311**	0.303**
cb^2			-0.508**	-0.477**	-0.491**	-0.482**	-0.472**	-0.455**	-0.423**	-0.407**
dis				-0.310**	-0.448**	-0.319**	-0.330**	-0.321**	-0.306**	-0.300**
dis^2				-0.317**	-0.281**	-0.277**	-0.261**	-0.254**	-0.240**	-0.231**
crd					0.163	0.152	0.128	0.115	0.102	0.081
crd^2					-0.082	-0.057	-0.061	-0.052	-0.036	-0.027
crb					0.220*	0.218*	0.215*	0.213*	0.208*	
crb^2					-0.101	-0.090	-0.056	0.021	0.017	
KM							-0.267**	-0.251**	-0.237**	-0.233**
KW								0.388**	0.356**	0.321**
KI									0.469**	0.455**
KL										0.429**
R^2	0.239	0.392	0.418	0.432	0.428	0.581	0.601	0.625	0.671	0.721
调整后的 R^2	0.221	0.355	0.406	0.429	0.417	0.566	0.591	0.617	0.648	0.662
F 值	156.400	119.338	269.001	251.882	227.119	176.691	198.228	201.220	188.006	212.338

表6.15 团队社会网络结构、知识转移主体特征、知识缄默性与知识吸收能力的回归分析

变量	KA									
	M1	M2	M3	M4	M5	M6	M7	M8	M9	M10
TI	0.062	0.049	0.041	0.036	0.031	0.029	0.020	0.015	0.011	0.005
TS	-0.153	-0.141	-0.139	-0.131	-0.129	-0.120	-0.116	-0.108	-0.103	-0.087
TA	0.116	0.100	0.085	0.046	0.040	0.29	0.015	0.012	0.008	0.005
G	0.155	0.139	0.120	0.108	0.104	0.101	0.085	0.071	0.066	0.041
A	-0.162	-0.157	-0.151	-0.146	-0.141	-0.132	-0.126	-0.118	-0.111	-0.105
E	0.382**	0.361**	0.357**	0.341**	0.338**	0.331**	0.329**	0.317**	0.311**	0.302**
P	0.160	0.154	0.140	0.134	0.131	0.124	0.118	0.105	0.101	0.082
T	0.139	0.131	0.126	0.121	0.116	0.112	0.088	0.075	0.042	0.031
den	0.322**	0.311**	0.302**	0.283**	0.277**	0.270**	0.262**	0.258*	0.251**	0.238**
den^2	-0.455**	-0.440**	-0.439**	-0.426**	-0.417**	-0.413**	-0.405**	-0.402**	-0.388**	-0.376**
cadm		0.272**	0.261**	0.255**	0.251**	0.249**	0.246**	0.240**	0.234**	0.231**
$cadm^2$		-0.522**	-0.511**	-0.504**	-0.501**	-0.485**	-0.464**	-0.460**	-0.459**	-0.432**
cb			0.266**	0.252**	0.244**	0.240**	0.232**	0.229**	0.221**	0.216**
cb^2			-0.398**	-0.387**	-0.371**	-0.362**	-0.360**	-0.355**	-0.346**	-0.337**
dis				-0.228*	-0.218*	-0.214*	-0.211*	-0.208*	-0.206*	-0.201*
dis^2				-0.455**	-0.451**	-0.447**	-0.441**	-0.436**	-0.428**	-0.421**
crd					0.177	0.172	0.166	0.162	0.154	0.132
crd^2					-0.133	-0.127	-0.123	-0.117	-0.111	-0.108
crb					0.320*	0.315*	0.308*	0.301*	0.288*	
crb^2						-0.151	-0.140	-0.136	-0.121	-0.105
KM							-0.463**	-0.451**	-0.436**	-0.420**
KW								0.402**	0.391**	0.377**
KI									0.438**	0.425**
KL										0.386**
R^2	0.119	0.263	0.298	0.323	0.316	0.469	0.481	0.522	0.585	0.661
调整后的R^2	0.112	0.255	0.276	0.311	0.310	0.428	0.449	0.488	0.561	0.627
F值	188.330	156.120	288.071	255.482	196.222	178.353	201.259	199.180	188.770	223.551

表6.14表示社会网络结构、知识转移主体特征、知识缄默性与知识吸收能力间的直接效应。观察可知,控制变量中,团队规模与知识分享程度在 $P<0.05$

水平下呈显著负相关,即当研发团队人员增加时,团队成员知识共享的成本增加,将耗费更多的时间和精力,从而降低知识分享程度;学历与知识共享程度在$P<0.05$水平下呈显著正相关,说明研发团队成员整体学历水平越高,知识交流与共享的效率越高。从$M1$中可以看出,$\beta_{den}=0.299,P<0.05;\beta_{den2}=-0.502,P<0.05;R^2=0.239$,即团队网络密度与团队网络密度的平方均与知识分享程度显著相关,且分别为正相关、负相关关系,同时,二者对知识分享程度的解释力为0.239。这说明团队网络密度与知识分享程度之间不是简单的线性关系,而是倒"U"型相关关系,即团队网络密度应尽量维持适中水平,若过高,反而阻碍知识转移进度。在$M1$的基础上加入团队网络中心及团队网络中心性的平方,形成$M2$,可以看出,二者对知识分享程度均有显著影响,其中团队网络中心性与知识分享程度之间呈正相关,而团队网络中心性的平方与知识分享程度之间呈负相关($\beta_{cadm}=0.472,P<0.05;\beta_{cadm2}=-0.376,P<0.05$),同时,该模型对因变量的解释能力有所增加($R^2=0.392$)。从而说明团队网络中心性与知识分享程度之间呈倒"U"型相关,即团队内部社会网络中心性程度应适中,过于集权可能会降低知识转移效率。在$M3$中,加入了变量团队网络结构洞与团队网络结构洞的平方,可以看出,二者对知识分享程度均有显著影响力,且分别为正相关、负相关($\beta_{cb}=0.341,P<0.05;\beta_{cb2}=-0.508,P<0.05$),同时,该模型对知识分享程度的解释力增加至0.418。从而说明团队网络结构洞与知识分享程度之间呈倒"U"型相关,即若少数人承担过多中介任务,可能会减弱网络稳定性,使知识转移效率降低。在$M4$中,加入了变量团队网络平均距离及其平方,$\beta_{dis}=-0.310,P<0.05;\beta_{dis2}=-0.317,P<0.05,R^2=0.432$,团队网络平均距离、团队网络平均距离的平方与知识分享程度均呈显著负相关,且使模型解释能力得到加强,即团队网络平均距离与知识分享程度之间也呈倒"U"型相关。假设H1d得到了验证,在$M5$中,加入了变量正式领导中心性及其平方,可以看出,正式领导中心性对知识分享程度的影响并不显著($\beta_{crd}=0.163,P>0.1;\beta_{crd2}=-0.082,P>0.1$),且使模型解释能力有所下降($R^2=0.428$),说明正式领导的集权程度不是知识分享程度变动的重要因素。在$M5$的基础上,加入正式领导结构洞及其平方,形成$M6$,可以看出,正式领导结构洞对知识分享程度有显著影响($\beta_{crb}=0.220,P<0.05$),而正式领导结构洞的平方与知识分享程度之间的相关性并不显著($\beta_{crb2}=-0.101,P>0.1$),即正式领导结构洞与知识分享程度间呈正相关,从而说明正式领导参与到团队互不相连的部分对团队内部知识流通是有利的。在 M6 基础上,加入知识缄默性,形成 M7,观察可知,知识缄默性与知识分享程度呈显著负相关($\beta_{kt} = -0.267, P < 0.05$),即知识编码、表达难度越大,团队知识流动越慢,知识转移效率越低。在 M8、M9、M10 中分别加入知识转移意愿、知识传授能力及知识学习能力,观察可知,三者均对知识分享程度产生显著促进作用($\beta_{KW} = 0.388, P < 0.05$;$\beta_{KI} = 0.469, P < 0.05$;$\beta_{KL} = 0.429, P < 0.05$)且 R^2 增加到 0.721,即在研发团队中,知识转移主体的转移意愿越强烈、知识的解码传授与学习的能力越强,则知识分享的质量与效率越高。

表 6.15 表示社会网络结构、知识转移主体特征、知识缄默性与知识吸收能力间的直接效应,与表 6.14 中团队内部社会网络、知识转移主体特征、知识缄默性与知识分享程度的回归分析过程类似。观察表 6.15 中 M1-M4 可知,控制变量中,学历与知识共享程度在 $P < 0.05$ 水平下呈显著正相关,即研发团队高学历成员,能够增强团队知识流动活力与效率,充分利用团队知识与资源丰富自身知识储备,提高团队成员整体知识吸收能力,进而提高团队知识转移效能;团队内部社会网络的整体网络结构特征(团队网络密度、中心性、结构洞、平均距离)与知识吸收能力呈倒"U"型显著相关,即在制造企业研发团队内部社会网络中,过于稠密的网络密度可能因存在大量冗余联结而使知识转移与交换成本增加,过高的中心性会弱化团队传递与获取知识的能力,少数人过度操控团队资源会影响团队知识流动的稳定性,节点的近距离联结过多会降低团队知识异质性与知识创新能力,继而不利于提升团队成员知识吸收能力。观察 M5-M6 可知,正式领导中心性对知识吸收能力提升的贡献不显著,而正式领导结构洞与知识吸收能力呈显著正相关,说明在制造企业研发团队内部社会网络中,领导处在关键枢纽位置的程度、承担协调工作的力度对知识转移效能有重要影响。观察 M7 可知,知识缄默性与知识吸收能力呈显著负相关,即知识难以编码的程度越高,团队知识流动越慢,团队成员间知识转移效率越低。

综上所述,团队社会网络整体特征(团队社会网络密度、中心性、结构洞、平均距离)与知识分享程度、知识吸收能力均呈倒"U"型相关,即团队社会网络密度、中心性、结构洞、平均距离与知识转移效能均呈倒"U"型相关,验证了假设 H1a、H1b、H1c、H1d 是成立的;正式领导中心性对知识分享程度、知识吸收能力的影响均不显著,即正式领导中心性与知识转移效能间的关系不显著,假设 H2a 不成立;正式领导结构洞对知识分享程度、知识吸收能力均具有显著正向影响,即正式领导结构洞与知识转移效能间具有显著正向相关关系,假设H2b成立;知识缄默性与知识分享程度、知识吸收能力间负向关系均显著,即知识缄默性对知识转移效能具有显著负向影响,假设H3成立;知识转移主体特征(知识转移意愿、知识传授能力、知识学习能力)均能显著促进知识分享程度的提高与知识吸收能力的增强,即知识转移意愿、知识传授能力、知识学习能力与知识转移效能间关系均呈显著正相关关系,假设H4a、H4b、H4c成立。

(2) 调节效应的检验

根据假设H5a—H5d,社会网络整体特征对知识转移主体特征与知识转移效能间的关系具有调节作用,模型检验结果见表6.16和表6.17。

表6.16 团队社会网络整体特征调节知识缄默性与知识分享程度间关系的回归分析

变量	KS		
	M1	M2	M3
TI	0.122	0.115	0.112
TS	-0.336**	-0.305**	-0.301**
TA	0.155	0.106	0.100
G	0.109	0.074	0.062
A	-0.130	-0.112	-0.106
E	0.288**	0.233**	0.219**
P	0.165	0.145	0.129
T	0.137	0.112	0.106
den	0.243**	0.231**	0.221**
cadm	0.445**	0.431**	0.426**
cb	0.351**	0.336**	0.331**
dis	-0.352**	-0.339**	-0.328**
KM		-0.245**	-0.185
KM*den			0.280**
KM*cadm			0.319**
KM*cb			0.266**
KM*dis			-0.244**
R^2	0.239	0.392	0.518
调整后的R^2	0.221	0.355	0.506
F值	156.400	119.338	269.001

表6.17 社会网络整体特征调节知识缄默性与知识吸收能力间关系的回归分析

变量	KS		
	M1	M2	M3
TI	0.096	0.088	0.076
TS	−0.156	−0.138	−0.117
TA	0.074	0.061	0.043
G	0.165	0.147	0.129
A	−0.119	−0.105	−0.088
E	0.301**	0.288**	0.261**
P	0.141	0.121	0.114
T	0.065	0.041	0.030
den	0.303**	0.255**	0.237**
cadm	0.385**	0.359**	0.331**
cb	0.362**	0.349**	0.326**
dis	−0.452**	−0.443**	−0.421**
KM		−0.388**	−0.206*
KM∗den			0.272**
KM∗cadm			0.338**
KM∗cb			0.267**
KM∗dis			−0.368**
R2	0.239	0.392	0.418
调整后的R2	0.221	0.355	0.406
F值	156.400	119.338	269.001

观察表6.16,在M1与M2中,依次加入整体网络特征与知识缄默性,与前文分析一致,团队网络整体特征均对知识分享程度具有显著影响($\beta_{den}=0.243$, $P<0.05$;$\beta_{cadm}=0.445$,$P<0.05$;$\beta_{cb}=0.351$,$P<0.05$;$\beta_{dis}=-0.352$,$P<0.05$),知识缄默性与知识分享程度间呈显著负相关($\beta_{KM}=-0.245$,$P<0.05$);在M2基础上引入知识缄默性与团队网络整体特征的交乘项,形成M3,交互项知识缄默性与团队网络密度、知识缄默性与团队网络中心性、知识缄默性与团队网络结构洞、知识缄默性与团队网络平均距离对知识分享程度的影响显著($\beta_{KM*den}=0.272$,$P<0.05$;$\beta_{KM*cadm}=0.338$,$P<0.05$;$\beta_{KM*cb}=0.267$,$P<0.05$;$\beta_{KM*dis}=-0.368$,$P<0.05$),且M3中知识缄默性对知识分享程度的负向影响

力($\beta_{KM} = -0.185, P > 0.1$)与$M2$($\beta_{KM} = -0.245, P < 0.05$)相比,显著下降,即团队网络密度、结构洞、中心性、平均距离对知识缄默性与知识分享程度的负相关关系有显著调节作用,网络密度越强、结构洞越多、中心性越强、近距离联结越多,越有利于降低知识缄默性对知识转移效率的负影响。

观察表 6.17 可知,交互项知识缄默性与团队网络密度、知识缄默性与团队网络中心性、知识缄默性与团队网络结构洞、知识缄默性与团队网络平均距离对知识吸收能力有显著影响,且 $M3$ 中知识缄默性对知识吸收能力的负向影响力($\beta_{KM} = 0.206, P < 0.1$)与模型 $M2$($\beta'_{KM} = 0.388, P < 0.05$)相比显著降低,即团队网络密度、中心性、结构洞、平均距离对知识缄默性与知识吸收能力的关系有显著调节作用。

综合表 6.16 与表 6.17 分析结果可知,假设 H5a—H5d 得到验证,即团队网络整体特征(团队网络密度、中心性、结构洞、平均距离)对知识缄默性与知识转移效能间负向关系具有显著调节作用,说明制造企业研发团队内部社会网络作为知识转移的载体,其良好的结构配置能够加快知识流通,增强知识转移效果。

6.6 本章小结

本章从制造企业研发团队知识转移效能影响因素的全局视角出发,将情景因素、条件因素与演化过程因素置于同一研究框架下,构建了制造企业研发团队知识转移效能影响因素模型,深入探究了系统中各因素对知识转移效能的影响机理。研究结果显示,制造企业研发团队内部社会网络密度、中心性、结构洞、平均距离与知识转移效能均呈倒"U"型相关;正式领导结构洞与知识转移效能呈正相关;正式领导中心性与知识转移效能的相关关系不显著;知识缄默性对知识转移效能有负作用;团队网络密度、中心性、结构洞、平均距离均能够显著调节知识缄默性对知识转移效能的消极影响。

第7章 提升制造企业研发团队内部知识转移效能的保障措施

根据前文研究,在制造企业研发团队内部知识转移过程中,知识转移情景因素、条件因素与演化过程因素对知识转移效能的影响举足轻重,具体包括团队内部社会网络整体特征(密度、中心性、结构洞、平均距离)、个体特征(正式领导结构洞)、知识转移主体特征(知识转移意愿、知识传授能力、知识学习能力)及知识转移客体特征(知识缄默性)。本章在前面章节研究结论的基础上,提出促进制造企业研发团队内部的知识流动,提升制造企业研发团队内部知识转移效能的保障措施,从而促进知识在制造企业研发团队内部的流动和共享,充分发挥知识的价值,提高制造企业研发团队的创新优势。本章对提升制造企业研发团队内部知识转移效能保障措施的研究,从团队内部网络特征、知识转移主体特征(知识转移意愿与知识转移能力)与客体特征(知识缄默性)三个方面进行。

7.1 加强团队内部社会网络建设

前文研究结果显示,在制造企业研发团队内部知识转移过程中,团队网络密度、中心性、结构洞、平均距离及正式领导结构洞均对提升知识转移效能具有重要作用,且团队网络密度、中心性、结构洞、平均距离在知识缄默性与知识转移效能的负向关系中起到显著调节作用。因此,优化制造企业研发团队内部社会网络管理策略对于提高知识转移效能、促进知识转移尤为关键。

沟通文化是指组织中崇尚沟通、利于沟通的价值观念、制度规范、行为准则、作风形象等的总和[315]。沟通的有效性与组织文化息息相关,拥有优秀的沟通文化,是组织走向成功的关键。优秀的沟通文化既可以缩短团队成员间的认知差距,也能够强化团队成员间的正式与非正式关系,使得团队中同时存在"小团体"与"中介人",使得团队网络中结构洞比例与团队成员间平均距离适中,从而促进团队内部社会网络的持续健康发展。多元化知识转移渠道可以促使团队成员广泛地吸收多背景、多层次、快节奏的知识,增加成员之间的隐性知识整合与交换频数,避免因团队知识过度集中而使得团队网络中心性过高,从而实现团队内部社会网络结构的持续优化,有效促进知识交融、整合和创新,最终使知识转移效能达到最大化[34][76][91][92][93][94][316]。同时,制造企业研发团队内部网络密度对成员知识转移意愿具有显著促进作用,而网络密度对知识转移意愿的促进作用来源于声誉传递机制的约束作用给予知识转移双方的信任。信任是团队成员间建立一切关系的基础,团队成员之间的信任感越强,他们之间的沟通越频繁,凝聚力越强。在制造企业研发团队中,营造信任的氛围将有利于推动内部社会网络的形成与优化,最终提升知识转移效能。因此,加强团队社会网络建设,需要塑造优秀的团队沟通文化,构建多元化的沟通渠道,营造信任的氛围,从而使得团队成员间以非正式或正式的关系形式构成复杂且健康的网络结构,有效利用团队网络密度、中心性、结构洞、平均距离与知识转移效能间的倒"U"型关系,进而更好地促进制造企业研发团队内部知识转移效能的提升。

7.1.1 塑造优秀的沟通文化

一方面,树立沟通的共享价值观。沟通文化的核心就是它的价值观。团队的管理者作为高效沟通的践行者、规则的维护者、良好团队文化的建设者,必须以身作则,积极培育、激发团队成员的沟通意识,努力创造良好的沟通氛围。如广开言路,倾听每一个成员的意见,鼓励互相交流,让团队成员充分认识到沟通文化的重要影响并自觉推动沟通文化的形成。只有在团队内部建立起沟通价值观,才能促使团队成员积极地将自己的好主意或观点传递给他人,提高团队内部社会网络结构质量,并最终提高知识转移效能。另一方面,建立有效的沟通机制。优秀的沟通文化也要求构建有效的沟通机制。沟通的实现依赖于良好的机制,沟通机制是一种交流制度,如定期召开经验会、座谈会;建立畅所欲言、保密的双向沟通制度;开展有意义的团队活动,增加团队成员互动交流的机会;等等。有效的沟通机制能够整合情感要素,使团队成员将心里话和内心情感表达出来,形成一种和谐向上的沟通氛围。

7.1.2 构建多元化的沟通渠道

一方面,重视面对面交流。面对面交流具有立即回馈的特点,可以使用表情、声调、肢体语言等传送多重线索,自然语言被视为丰富度最高的媒介。团队应该重视面对面交流,为成员面对面交流提供有效的平台。团队可以定期召开相关会议,团队成员集思广益讨论急需解决的难题,促进团队内部社会网络的构建;团队可以在特殊节日举办一些活动,提高成员面对面交流的机会,增进成员之间的感情与了解,这将有利于形成健康有效的团队社会网络。另一方面,鼓励非面对面交流。Burton 等指出,社交媒体(如博客、论坛等)技术对知识转移具有显著正向影响[35]。团队应该在充分利用现代信息技术与网络技术基础上,构建全方位、多渠道的知识信息网络与知识沟通网络,充分利用现代化网络沟通手段(如博客、网上论坛、WeChat 群、QQ 群、视频聊天等)提高团队成员间沟通频率、深度及广度,加强团队社会网络建设,优化团队社会网络结构,进而促进隐性知识、技术、信息在团队内部的扩散与传播,提高团队知识转移效能。

7.1.3 营造信任的氛围

首先,培育情感信任水平。在制造企业研发团队内部,通过营造自由开放的沟通氛围与环境提高团队成员间的接触频率,增进相互了解;利用各种节日经常举办各种团队建设活动,建立团队成员间非正式关系,培育并增进团队成员间感情与信任,提高团队成员间社会网络密度。其次,增强认知信任水平。在工作群体中,若某个成员教育水平较高、专业技能较强、成功经验丰富,表现出可信的技术知识与可靠的工作技能,则群体中其他成员在遇到问题或困难时会主动倾向于去学习该成员转移的知识或信息,即其他成员对该成员产生了较强的认知信任。因此,制造企业研发团队应通过增强团队成员知识水平、工作能力及技术经验来提高认知信任水平,可通过定期开展技术技能培训、学术研讨、参观访问等方式,促进团队网络中心性的提高及结构洞的形成。最后,提高制度信任水平。在制造企业研发团队内部知识转移过程中,制度信任强调团队成员因为各项制度措施而感到安全,进而产生信任,如知识产权管理制度、信誉档案制度、团队激励制度等。制度越健全的地方就越能盛行信任,团队成员才愿意进行知识创造、分享和运用。因此,应该健全团队各种制度,提高制度信任水平,从而促使团队内部社会网络的形成,提高知识转移效能。

7.2 提高知识转移意愿与能力

前文研究结果显示,知识源的知识转移意愿、知识传授能力及知识受体的知识学习能力在制造企业研发团队内部知识转移过程中均起着关键作用。因此,对于制造企业研发团队内部知识转移来说,提高团队内部成员知识转移意愿、增强团队成员知识传授能力及知识学习能力至关重要。

首先,团队氛围能够引导团队成员的工作态度与行为。当团队创新支持氛围占主导时,一方面,团队整体知识创新和知识转移意愿与积极性将被激发;另一方面,团队创新氛围将促使团队成员更好地完成角色行为,创新支持的力度越大,其创新行为的投入越多。为了保证创新的成功,团队成员会积极学习相关知识、努力提高相关技能,从而增强团队成员的知识学习能力与传授能力。其次,根据激励理论,动机决定行为,故需要引起动机。由于制造企业研发团队成员几乎都是知识型员工,知识创新能力是其主要的特点。除了物质需要之外,精神需要及机会需要也非常重要。因此,强化全面激励制度,有助于强化团队成员知识转移意愿,促进知识转移。再次,根据前景理论,不同行为主体在相同风险或环境下的价值感知不同,存在主观判断偏差和价值感知偏好等现象,表现出有限理性,进而影响其决策行为。因此,要想提高团队成员知识转移意愿,改变团队成员对于知识转移成本、知识协同收益、组织奖励收益和处罚概率在认知偏差上的心理效果至关重要。最后,在团队内部建立学习长效机制,制定学习制度,拓宽学习渠道,丰富学习载体,改进学习形式,使学习成为制造企业研发团队的一种经常化、普遍化、制度化的行为,最大限度地提高研发团队成员知识传授能力与知识学习能力。因此,本节从四个方面来讨论提高知识转移意愿,增强知识传授能力与知识学习能力,包括创造团队创新支持氛围、强化全面激励制度、纠正认知偏差、建立学习长效机制。

7.2.1 创造创新支持氛围

第一,创造宽容的创新氛围。团队领导应该积极营造有利于激励创新的大环境,鼓励团队成员追求做事的新方式,督促团队成员大胆探索、勇于创新,经常刊发有关团队工作创新的言论文章,总结经验做法,并能够容忍创新探索中的失误和无法预知的风险,努力营造崇尚创新、人人创新、尊重创新、鼓励创新的良好氛围。只有这样,才能减少团队成员创新的工作压力,增加团队成员的安全感,提高团队成员的创新积极性,促进知识转移意愿的提高与知识学习能力的增强,最终提升团队成员间的知识转移效能。第二,积极提供创新资源。创新资源主要是指创新过程中需要的各种投入,包括人力、物力、财力各方面的投入要素。在制造企业研发团队内部知识转移过程中,团队应该积极为成员追求并实施新构想的行为提供足够的创新资源支持,主要包括充足的设备、资金和时间等;并且通过各种宣传让成员能够感知到,进而激发成员的创新动力,使其积极投身团队协同创新活动,提高知识转移效能。第三,建立健全创新管理制度。团队创新管理制度旨在通过树立全方位创新理念、倡导个人工作技能、利用资源配置倾斜来实现对创新活动管理的目的。团队应做好创新的培训、宣传和辅导,定期召开创新例会,畅谈创新,相互学习、补充与完善;设立创新奖励基金,对成员重大创新予以奖励;鼓励成员提出各种创新性的意见和建议,强化对团队内部原创性创新想法的界定和保护。通过这些制度,充分调动团队成员的创新积极性,提高团队成员实现团队目标的责任感,使其在工作中更加投入,更乐意贡献自己的力量。

7.2.2　强化全面激励制度

第一,报酬激励。报酬的多少可以表明团队成员对团队协同创新贡献的大小,也可以衡量团队成员社会地位的高低。报酬越高,感知自己对团队协同创新贡献越大;报酬越高,感知自己越被别人尊重。因此,对团队成员协同创新的科技成果应给予物质奖励、知识产权激励,使团队成员转移的知识能够得到丰厚的回报,从而提高团队成员知识转移意愿,加速创新知识的转移。第二,成就激励。知识型员工都会有争取成功并希望做得更好的成就需要,可通过建立精神激励政策满足他们的成就欲望,如提升职位、评选荣誉称号、优秀个人宣传等。建立成就激励制度能够调动团队成员的研发创新积极性,使其更好地投入知识创新工作中,增强知识转移意愿。第三,机会激励。严重知识老化现象对知识型员工的威胁增大。通过对积极参与知识转移活动并表现优秀的成员提供深造与提升自我的机会(如内外访学、进修、培训等),不断充实知识,提高创新能力,满足他们自我实现的需要;还可以根据培训的效果对参加培训的人员进行物质、精神或晋升激励。

7.2.3　纠正认知偏差

第一,降低团队成员对知识转移成本的认知偏差。利用前景理论,加强团队成员对制造企业研发团队内部知识转移过程的学习,提高他们对过程不确定性与复杂性的客观认知,降低对知识转移成本的主观价值判断,使得他们对知识转移成本感知价值的主观判断更加合理与准确。同时,提升研发团队成员的知识编码沟通、传授与学习能力以降低团队成员知识转移的成本支出。第二,降低研发团队成员对知识转移收益的认知偏差。根据前景理论,团队成员通常会低估知识转移实际收益。因此,应加强制造企业研发团队成员对知识转移方式、方法与过程的深入学习与宣传,形成对知识转移活动重要价值的全面清晰认知,充分了解知识转移活动所产生的积极影响范围和程度。同时,建设良好的团队知识沟通与协作氛围与平台,保持团队成员间异质性,不断提高成员协作创新能力,提高团队成员间的协同创新绩效。第三,降低研发团队成员对组织激励奖惩力度的认知偏差。根据前景理论,通常团队成员对组织激励力度的主观价值判断低于实际奖励收益值。因此,一方面应加强团队成员对组织激励奖惩制度的客观认识,另一方面应强化对知识转移工作的审查和监督,对造成不良后果的消极行为,从经济、声誉、资质等综合角度加强惩处力度,对为团队知识转移活动做出突出贡献的积极行为,从职位晋升、财务奖励、荣誉表彰、潜在机会等角度加强奖励力度,提高其对组织奖励和惩罚的价值感知。

7.2.4 建立学习长效机制

第一,树立新的学习理念。缺乏学习理念很难产生有效学习行为,应该在团队内部树立新的学习理念,即拥有能力比拥有文凭更重要、终身学习比阶段学习更重要、学会什么比学了什么更重要。团队成员都是知识型员工,经过多年的阶段学习并拥有了较高的文凭,他们具备很强的自学能力,只要不吃老本,能够意识到终身学习的必要性,就能将不断学到的知识转化成各种能力,有效提高知识输出能力和分析、解决实际问题的学习能力。第二,搭建有利于成长的学习平台。学习的主要目的是更好地工作,实现人生价值。制造企业研发团队应该为团队成员搭建一个有利于成长的学习平台,拓宽学习渠道,丰富学习载体,改进学习形式,积极为团队成员提供各种学习、培训、交流和合作的机会,提高团队成员的知识水平和认知能力,促进知识转移;鼓励团队成员积极参与各种知识创新活动,通过"干中学"来吸收合作伙伴的技术知识,提高转移与传授能力和学习能力;定期组织各种研讨活动或讨论班,集思广益、相互学习,提高知识转移能力。第三,建立完善的高技术人才培训体系。采取"送出去、请进来"的办法,不断提高对技术人才的培养力度,并加大对培训投入的资金支持,加快培养具有较高知识水平、能够独立解决技术难题的高技术人才;采用公平竞争机制,让优秀的青年人才看到企业发展的希望,明确自身发展的目标,扎扎实实地立足岗位、建功成才;定期举办各类技术竞赛,利用培训、竞赛、评定的方式产生一批青年岗位能手和技术能手;同时,也应在世界范围内吸引和招聘高技术创新人才参与研发团队知识创新活动。

7.3 重视知识管理

前文实证研究结果显示,在制造企业研发团队内部知识转移过程中,知识缄默性对知识转移效能具有显著负向影响。知识内隐性、复杂性、专用性等模糊性特征降低了人们对知识的理解程度,导致知识不容易被模仿、学习和交流,阻碍了知识转移效能。同时,我国制造业发展尚处于转型阶段,研发创新能力不足、资源有限等问题也不利于缄默性知识的分享与创新。另外,知识转移是一项风险系数较高的商业活动,所有参与者都希望获得较高的回报和补偿。而我国知识产权保护相关政策与法律法规的不健全,在一定程度上阻碍了隐性知识转移活动的进行,降低了知识转移效果。

知识管理主要是为团队知识的创新、积累和共享提供有效平台,其核心目标是使知识能够成为整个团队的资产,并为团队创造价值。本节从加强个人知识管理、团队知识管理与企业知识管理三个方面提出优化知识管理的保障措施。

7.3.1 加强个人知识管理

在制造企业研发团队中,成员应注重个人知识管理,熟悉自有隐性知识内容、价值及用途,在与团队成员的知识互动过程中不断优化自身知识结构、丰富知识储备,同时总结知识转移经验与技巧,增强自身对所转移知识的编码能力、理解能力、吸收能力、解码能力及应用能力;同时,应加强对团队其他成员的深度了解,准确判断与评估其他成员的知识需求与知识接受水平,提高对自身知识的认知能力,既要熟悉自己的知识、技术,又熟悉其他成员的知识、技术与背景,在知识转移活动中尽可能发挥自身"知识桥梁人物"的纽带作用,根据知识受体的需求与特征将隐性知识编码为其可接受形式后传递给知识受体,加速知识转移。

7.3.2 加强团队知识管理

首先,明确团队职责与核心能力。团队应依据团队职责与使命,集中精力于相应核心知识的收集、共享、创新、应用方面,有意识地丰富成员及团队知识库。其次,以目标为导向选拔与培养人才。对于制造企业研发团队来说,由于所从事工作的创新性及所转移知识的缄默性,团队应有意识地选拔具备高知识水平、广知识面的人才,在员工培训时注重提高成员知识的专业性及知识类型的丰富性,提高团队对缄默性知识的转移能力与效率。最后,最大限度挖掘团队成员知识资本。将团队中每个成员看作一个知识载体,他们能够不断产出大量有价值的知识,以开发团队成员的知识资本为核心,降低知识缄默性为目的,通过挖掘、提炼、固化,不断提高团队知识协同创新能力。

7.3.3 加强企业知识管理

一方面,通过健全制造企业知识产权保护相关规章制度,优化知识转移与创新环境。企业应制定鼓励知识转移与创新活动的奖励措施,完善知识合作环境和体系,提高知识协同创新;制造企业应制定科学合理的科技战略规划,积极建设企业层面的知识创新平台,增加对基础研究和科技投资的支持力度;制造企业应提高对人力资本的财政投资,通过制定增加教育投入、吸引留学生和高科技人才的政策等,不断提高优秀科技创新人才的储备,为制造企业研发团队注入更优秀和更有创新能力的人力资本,保障知识转移持续稳定开展;企业应利用自身权力优势尽力协调研发团队之间的冲突与矛盾,制定促进技术创新和合作的完备的企业制度体系,深入规范研发团队内部知识转移过程中的知识产权归属、利益分配、科技人员奖励等必然涉及的诸多问题,为研发团队内部知识转移活动营造一个良好的制度生态环境。另一方面,加大创新资金投入。企业应进一步加大在各个研发项目上的资金投入,重点集中在符合国家战略发展目标、需要长期高强度投入而产业界难以大规模投入的重大科技项目方面;除了企业之外,国家各部委、地方各级政府和相关部门也应根据实际情况积极推出各种类型的资助项目,提高项目资助额度,给予制造企业研发团队优先项目支持。

7.4 本章小结

本章在前文分析的基础上,从团队内部社会网络结构特征、知识转移主体特征、知识转移客体特征三个方面提出提升制造企业研发团队内部知识转移效能的保障措施。团队内部社会网络结构特征方面的保障措施包括塑造优秀的沟通文化、构建多元化的沟通渠道、营造信任的氛围;知识转移主体特征方面的保障措施包括创造创新支持氛围、强化全面激励制度、纠正认知偏差、建立学习长效机制;知识转移客体特征方面的保障措施包括增强个人知识管理、加强团队知识管理、加强企业知识管理。

结 论

本研究借鉴"I-P-O"团队效能模型,按照制造企业研发团队内部知识转移"条件—情景—演化过程—影响因素—保障措施"的分析框架,对制造企业研发团队内部知识转移进行研究。首先通过归纳国内外知识转移相关研究,界定了制造企业研发团队内部知识转移内涵,阐释了制造企业研发团队内部知识转移相关理论,构建了制造企业研发团队内部知识转移的研究框架与理论框架;其次,运用博弈分析、数值仿真、社会网络分析、实证统计分析等方法研究了制造企业研发团队内部知识转移的条件、网络嵌入情景、演化过程和影响因素,依次回答了知识转移研究的问题——"WHEN""WHERE""HOW";最后,基于对制造企业研发团队内部知识转移问题的全面理解,提出了提升制造企业研发团队内部知识转移效能的保障措施。研究主要得出以下结论。

第一,组织奖惩力度、成员间的协同创新收益、知识转移成本及风险感知是影响制造企业研发团队内部知识转移稳定性的关键因素。通过对制造企业研发团队内部知识转移的静态博弈、重复博弈、演化博弈三个层次上的分析得出,制造企业研发团队内部知识转移的组织制度保障、成员间的协同创新收益、知识转移成本及风险感知是四个关键因素,即成员出色的合作能力和协同创新能力、完善的组织激励制度、较低的知识转移成本及客观的收支价值判断是保证制造企业研发团队内部知识转移稳定性的有效条件。

第二,制造企业研发团队内部知识转移所嵌入的网络情景具有明显无标度特性,且网络特征对知识转移效果具有显著影响。本研究在实际团队内部知识互动网络(D制造企业研发团队内部社会网络)结构的基础上,结合社会网络分析法、仿真实验及统计分析方法,全面研究了制造企业研发团队内部知识转移情景,结果显示:制造企业研发团队内部社会网络中,成员间异质性较强且个体间联结分布不均匀,即团队内部网络情景具有显著的无标度网络特性;团队内部网络情景的整体结构特征均与知识转移效果呈显著倒"U"型关系;正式领导结构洞能够显著正向促进知识转移效果提升。

第三,制造企业研发团队内部知识转移的演化过程实际上是异质性且有限理性的个体间在无标度网络上进行博弈的过程,且该知识转移网络的演化深度对知识转移成本和知识协同收益与组织激励力度间关系的变化较敏感。本研究结合演化博弈理论与现实网络拓扑结构特征,构建了制造企业研发团队内部知识转移过程演化算法,利用 Matlab 模拟仿真技术探究了无标度网络载体下制造企业研发团队知识转移行为扩散过程。理论研究和数值仿真结果表明:① 制造企业研发团队内部知识转移演化过程是在无标度网络嵌入情景下,以知识转移收益择优为导向,异质性且有限理性的个体间进行博弈的过程。② 该演化过程对知识转移成本、知识协同收益与组织激励奖惩制度之间关系的变化较敏感——当制造企业研发团队内部知识转移激励奖惩之和小于知识转移成本且团队成员间知识协同效益不高时,团队知识转移网络演化深度最终收敛于0;当制造企业研发团队中部分成员知识协同收益与组织激励奖惩之和大于知识转移成本、部分成员知识协同收益与组织激励奖惩之和小于知识转移成本时,团队知识转移网络演化深度最终收敛于大于0小于等于1的常数;当制造企业研发团队所有成员协同收益与组织激励奖惩之和均大于知识转移成本时,则团队知识转移网络演化深度最终收敛于1。另外,无标度网络规模对上述影响作用有一定的调节功能,网络规模越大,知识转移网络演化深度收敛于稳定状态的速度越慢;且当部分成员知识协同收益与组织激励奖惩之和大于知识转移成本、部分成员知识协同收益与组织激励奖惩之和小于知识转移成本时,规模越小,演化深度的稳定状态越接近100%。③ 知识转移直接收益与知识聚合收益对制造企业研发团队知识转移网络演化深度与速度有一定影响,但作用不大。当知识转移系数与知识聚合系数增大到一定值时对提高制造企业研发团队知识转移网络演化深度有促进作用,且小规模知识转移网络对聚合系数的变化较中、大规模更敏感。但通过增加知识转移直接收益与知识聚合收益的途径,提高团队知识转移行为网络式扩散深度需要付出更多的成本。

第四,情景因素、条件因素与演化过程因素共同影响制造企业研发团队内部知识转移效能,且它们之间具有交互作用。本研究从制造企业研发团队内部知识转移效能影响因素的全局视角出发,将情景因素、条件因素与过程因素置于同一研究框架下,构建了制造企业研发团队内部知识转移效能影响机理模型,深入探究了各因素对知识转移效能的整体影响机理。研究结果表明:① 制造企业研发团队内部社会网络密度、中心性、结构洞、平均距离与知识转移效能均呈倒"U"型相关;正式领导结构洞与知识转移效能呈正相关;正式领导中心性与知识转移效能的相关关系不显著;知识缄默性对知识转移效能有负作用。② 知识转移意愿、知识传授能力、知识学习能力对知识转移效能均具有显著促进作用,而知识缄默性阻碍制造企业研发团队内部知识转移效能的提升。③ 团队网络密度、中心性、结构洞、平均距离对知识缄默性与知识转移效能的负相关关系均有积极调节作用,即能够减弱知识缄默性对知识转移效能的消极影响。

第五,制造企业研发团队应通过加强团队内部社会网络建设、提高知识转移意愿与能力、加强知识管理的途径来提升知识转移效能。本研究基于对制造企业研发团队内部转移的全面研究结果,从团队内部社会网络结构特征、知识转移主体特征、知识转移客体特征三个方面提出了促进制造企业研发团队内部知识转移效能提升的保障措施。团队内部社会网络结构特征方面的保障措施包括塑造优秀的沟通文化、构建多元化的沟通渠道、营造信任的氛围;知识转移主体特征方面的保障措施包括创造创新支持氛围、强化全面激励制度、纠正认知偏差、建立学习长效机制;知识转移客体特征方面的保障措施包括加强个人知识管理、加强团队知识管理与加强企业知识管理。

虽然本研究结论为制造企业研发团队改善知识转移问题提供了理论依据和参考,但是由于时间原因和个人研究能力有限,本研究还存在一些不足之处。

首先,本研究的研究对象局限于制造企业研发团队内部的知识转移,而制造企业研发团队与其他科研机构、政府、企业以及中介机构联结,构成制造企业研发团队的外部知识网络,知识在外部网络中的转移与流动仍需进一步讨论与探究。

其次,关于制造企业研发团队知识转移条件分析,没有把所有可能因素均加入博弈模型中,今后将进行更加深入的研究。

最后,在对制造企业研发团队知识转移的影响因素研究中,样本数据有待增加,研究问卷有待进一步完善和补充。在今后的研究中将继续完善相关量表,并扩大样本范围以提高实证研究的科学性。

附　录

制造企业研发团队知识转移影响因素研究调查问卷

尊敬的先生/女士：

  非常感谢您在百忙之中抽出时间为我们的研究填写调查问卷。本问卷的调查目的是探究制造企业研发团队知识转移的影响机理，调查对象是制造企业研发团队成员，调查单位是制造企业研发团队，在匿名填写完成后，请将自己的问卷封入已发的专用信封中，最后将以团队为单位回收。非常感谢您的配合！此问卷内容仅供纯学术性研究，无关任何商业用途，保证不会泄露贵团队及您的相关信息，恳请您放心如实填写。

  第一部分　问卷说明

  1. 基本概念说明

  （1）知识：本研究所说的知识可以理解为团队成员为了完成协同创新所需要的信息、经验、诀窍、技能、方法等。

  （2）知识转移：本研究所说的知识转移可以理解为团队成员为了完成协同创新而进行的相互之间的知识输入和输出活动。

  2. 填写说明

  （1）网络填写的请将选项数字改为红色，纸质填写的只需在对应数字上打"√"即可。

  （2）问题设计采用7点Likert量表的形式，数字1—7依次代表符合程度，依次为："完全不同意""很不同意""比较不同意""说不清""比较同意""很同意""完全同意"。

第二部分　基本内容

1. 知识转移效能调查

（1）知识分享程序

题号	题项	完全不同意→完全同意						
Q1	我和团队其他成员经常一起交流专业领域的知识	1	2	3	4	5	6	7
Q2	我和团队其他成员经常合作,共同分析和解决问题	1	2	3	4	5	6	7
Q3	我和团队其他成员分享的知识很容易被理解和接受	1	2	3	4	5	6	7
Q4	团队成员分享的知识对我的实际工作很有帮助	1	2	3	4	5	6	7
Q5	我对团队内部的知识分享活动效果十分满意	1	2	3	4	5	6	7

（2）知识吸收能力

题号	题项	完全不同意→完全同意						
Q6	我能够理解团队其他成员提供的新知识	1	2	3	4	5	6	7
Q7	我能够快速吸收消化团队其他成员提供的新知识	1	2	3	4	5	6	7
Q8	我能够将吸收的新知识与自由知识很好地融合	1	2	3	4	5	6	7
Q9	我能够将相互融合的知识应用于实际研发工作中	1	2	3	4	5	6	7
Q10	通过知识转移,我的知识能力、创新能力和创新水平都得到了提升	1	2	3	4	5	6	7

2. 知识缄默性调查

题号	题项	完全不同意→完全同意						
Q11	我和团队其他成员转移的知识多跨越多个专业领域,专业化程度很高	1	2	3	4	5	6	7
Q12	我从团队其他成员那里获取的知识需要经过其亲自教导才能理解	1	2	3	4	5	6	7
Q13	我从团队其他成员那里获取的知识需要通过工作实践慢慢领会	1	2	3	4	5	6	7
Q14	在团队中接触的新知识需要经过专门培训才能应用	1	2	3	4	5	6	7

3. 主体特性调查

（1）知识传授能力

题号	题项	完全不同意→完全同意						
Q15	我清楚地了解所持有知识具备的实际价值	1	2	3	4	5	6	7
Q16	我清楚地了解所持有知识的实际用途	1	2	3	4	5	6	7
Q17	我能够准确地识别知识接受者的知识需求	1	2	3	4	5	6	7
Q18	我能够为其他成员接受新知识提供有效帮助	1	2	3	4	5	6	7

（2）知识学习能力

题号	题项	完全不同意→完全同意						
Q19	我很愿意主动学习外部新知识	1	2	3	4	5	6	7
Q20	我虚心学习外部新知识	1	2	3	4	5	6	7
Q21	我有实际有效的学习新知识的方法	1	2	3	4	5	6	7
Q22	我能应用新知识解决实际问题	1	2	3	4	5	6	7

（3）知识转移意愿

题号	题项	完全不同意→完全同意						
Q23	我很乐意与团队其他成员分享自己的知识和工作经验	1	2	3	4	5	6	7
Q24	在团队讨论中,我会尽自己所能提供意见	1	2	3	4	5	6	7
Q25	在知识转移方面,我投入了充足的时间和精力	1	2	3	4	5	6	7
Q26	我能主动提出改进团队内部知识转移的优化方案	1	2	3	4	5	6	7

4. 团队内部社会网络调查

根据表格下方团队成员代号表（随机编号生成），就实际情况在相应成员编号处打"√"或标红。

题号	题项	团队成员编（代）号											
Q27	在工作中遇到困难时,您和哪些伙伴交流比较多?	1	2	3	4	5	6	7	8	9	10	11	12
Q28	在工作中遇到困难时,哪些伙伴会主动指导您?	1	2	3	4	5	6	7	8	9	10	11	12
Q29	您愿意和哪些伙伴探讨私事?	1	2	3	4	5	6	7	8	9	10	11	12
Q30	您和哪些伙伴经常一起吃饭?	1	2	3	4	5	6	7	8	9	10	11	12

团队成员代号表(此表格由问卷调查者提前填好)

代号	1	2	3	4	5	6	7	8	9	10	11	12
姓名												

第三部分 基本信息

1. 团队层面

题号	题项	单选
Q31	您所在团队所属的制造业行业	1. 金属制品业 2. 农副食品加工业 3. 通用设备制造业 4. 交通运输设备制造业 5. 电气机械及器材制造业 6. 通信设备、计算机及其他电子设备制造业 7. 仪器仪表及文化、办公用机械制造业 8. 其他_____
Q32	您所在团队的总人数	1. 5人及以下 2. 6~10人 3. 11~15人 4. 16~20人 5. 21人及以上
Q33	您所在团队成立的时间	1. 5年及以下 2. 6~10年 3. 11~20年 4. 21年及以上

2. 个体层面

题号	题项	单选
Q34	您的性别	1. 男 2. 女
Q35	您的年龄	1. 25岁及以下 2. 26~35岁 3. 36~45岁 4. 46~55岁 5. 56岁及以上

续表

题号	题项	单选
Q36	您的学历	1. 大专 2. 本科 3. 硕士 4. 博士
Q37	您在团队中的位置	1. 一般科研人员 2. 科研骨干 3. 团队带头人
Q38	您现在的职称	1. 初级工程师 2. 中级工程师 3. 副高级工程师 4. 正高级工程师

问卷到此结束,再次感谢您的支持与协助!

如您对本次问卷调查有任何问题或建议,请与作者联系:zhuxiaoyahgc@163.com

若您需要本次调研的汇总报告,请留下联系方式:_____

  地址:_____

  邮箱:_____

参 考 文 献

[1] Gilbert, M. & Cordey-Hayes, M. Understanding the process of knowledge transfer to achieve successful technological innovation[J]. *Technovation*, 1996, 16(6): 301–312.

[2] Szulanski, G. The Process of knowledge transfer: a diachronic analysis of stickiness[J]. *Organizational Behavior and Human Decision Processes*, 2000, 82(1): 9–27.

[3] Garavelli, A. C., Gorgoglione, M. & Scozzi, B. Managing knowledge transfer by knowledge technologies[J]. *Technovation*, 2002, 22(5): 269–279.

[4] Kwan, M. M. & Cheung, P. K. The knowledge transfer process: from field studies to technology development[J]. *Journal of Database Management*, 2006, 17(1): 16–32.

[5] Jackson, P. & Klobas, J. Building knowledge in projects: a practical application of social constructivism to information systems development[J]. *International Journal of Project Management*, 2008, 26(4): 329–337.

[6] Jasimuddin, S. M., Connell, N. & Klein, J. H. Knowledge transfer frameworks: an extension incorporating knowledge repositories and knowledge administration[J]. *Information Systems Journal*, 2012, 22(3): 1–15.

[7] Argote, L., et al. Knowledge transfer in organizations: learning from the experience of others[J]. *Organizational Behavior and Human Decision Processes*, 2000, 82(1): 1–8.

[8] Shamra, H. & Gupta, V. K. Kowledge management in the tacit dimension[J]. *Annals of Library and Information Studies*, 2002, 49(2): 67–72.

[9] Lazarova, M. & Tarique, I. Knowledge transfer upon repatriation[J].

Journal of World Business, 2005, 40(4): 361 – 373.

[10] Jasimuddin, S. M. Exploring knowledge transfer mechanisms: the case of a UK-based group within a high-tech global corporation[J]. *International Journal of Information Management*, 2007, 27(4): 294 – 300.

[11] Fang, S.-C., Yang, C.-W. & Hsu, W.-Y. Inter-organizational knowledge transfer: the perspective of knowledge governance [J]. *Journal of Knowledge Management*, 2013, 17(6): 943 – 957.

[12] Chen, C.-J., Hsiao, Y.-C. & Chu, M.-A. Transfer mechanisms and knowledge transfer: the cooperative competency perspective[J]. *Journal of Business Research*, 2014, 67(12): 2531 – 2541.

[13] Szulanski, G. Exploring internal stickiness: impediments to the transfer of best practice within the firm[J]. *Strategic Management Journal*, 1996, 17(S2): 27 – 43.

[14] Aladwani, A. M. An integrated performance model of information systems projects[J]. *Journal of Management Information Systems*, 2002, 19(1): 185 – 210.

[15] Szulanski, G., Cappetta, R. & Jensen, R. J. When and how trustworthiness matters: knowledge transfer and the moderating effect of causal ambiguity[J]. *Organization Science*, 2004, 15(5): 600 – 613.

[16] Jones, G. R. & George, J. M. The experience and evolution of trust: implications for cooperation and teamwork [J]. *Academy of Management Review*, 1998, 23(3): 531 – 546.

[17] Joshi, K. D., Sarker, S. & Sarker, S. Knowledge transfer within information systems development teams: examining the role of knowledge source attributes[J]. *Decision Support Systems*, 2007, 43(2): 322 – 335.

[18] Huang, H., et al. Characteristics of knowledge, people engaged in knowledge transfer and knowledge stickiness: evidence from Chinese R&D team[J]. *Journal of Knowledge Management*, 2017, 21(6): 1559 – 1579.

[19] Simonin, B. L. Ambiguity and the process of knowledge transfer in strategic alliances[J]. *Strategic Management Journal*, 1999, 20(7): 595 – 623.

[20] Cummings, J. L. & Teng, B. S. Transferring R&D knowledge: the key

factors affecting knowledge transfer success[J]. *Journal of Engineering and Technology Management*, 2003, 20(1): 39-68.

[21] Cao, W., et al. The impact of team task and job engagement on the transfer of tacit knowledge in e-business virtual teams[J]. *Information Technology and Management*, 2012, 13(4): 333-340.

[22] Wang, X., et al. Organizational unlearning and knowledge transfer in cross-border M&A: the roles of routine and knowledge compatibility[J] *Journal of Knowledge Management*, 2017, 21(6): 1580-1595.

[23] Merok Paulsen, J. & Brynjulf Hjertø, K. Exploring individual-level and group-level levers for inter-organizational knowledge transfer[J]. *The Learning Organization*, 2014, 21(4): 274-287.

[24] Hair Awang, A., Yusof Hussain, M. & Abdul Malek, J. Knowledge transfer and the role of local absorptive capability at science and technology parks[J]. *The Learning Organization*, 2013, 20(4/5): 291-307.

[25] McIver, D., et al. Understanding work and knowledge management from a knowledge-in-practice perspective[J]. *Academy of Management Review*, 2013, 38(4): 597-620.

[26] Berman, S. J. & Hellweg, S. A. Perceived supervisor communication competence and supervisor satisfaction as a function of quality circle participation[J]. *The Journal of Business Communication*, 1989, 26(2): 103-122.

[27] Døjbak Håkonsson, D., et al. Exploration versus exploitation: Emotions and performance as antecedents and consequences of team decisions[J]. *Strategic Management Journal*, 2016, 37(6): 985-1001.

[28] Levin, D. Z., et al. The role of affect in knowledge transfer[J]. *Group Dynamics: Theory, Research, and Practice*, 2010, 14(2): 123.

[29] Tho, N. Knowledge transfer from business schools to business organizations: the roles absorptive capacity, learning motivation, acquired knowledge and job autonomy[J]. *Journal of Knowledge Management*, 2017, 21(5): 1240-1253.

[30] Albino, V., Garavelli, A. C. & Sehiuma, G. Knowledge transfer and inter-firm relationships in industrial districts: the role of the leader firm[J].

Technovation, 1998, 19(1): 53 -63.

[31] Holttham, C. & Courtney, N. Developing managerial learning styles in the context of the strategic application of information and communications technologies[J]. *International Journal of Training & Development*, 2001, 5(1): 23 -33.

[32] Frost, T. Imitation to innovation: the dynamics of Korea's technological learning[J]. *Journal of International Business Studies*, 1997(28): 868 -872.

[33] Gupat, A. K. & Govindarajan, V. Knowledge management's social dimension: lessons from Nucor Steel[J]. *Sloan Management Review*, 2000b, 42(1): 71 -80.

[34] Alexander, A. T. & Childe, S. J. Innovation: a knowledge transfer perspective[J]. *Production Planning & Control*, 2012, 24(2 -3): 208 -225.

[35] Burton, R. M., Obel, B. & Håkonsson, D. D. *Organizational Design: A Step-by-step Approach*[M]. Cambridge: Cambridge University Press, 2015.

[36] Park, C. & Vertinsky, I. Reverse and conventional knowledge transfers in international joint ventures[J]. *Journal of Business Research*, 2016, 69(8): 2821 -2829.

[37] Galbraith, C. S. Transferring core manufacturing technologies in high technology firms[J]. *California Management Review*, 1990, 32(4): 56 -70.

[38] Swap, W., et al. Using mentoring and storytelling to transfer knowledge in the workplace[J]. *Journal of Management Information System*, 2001, 18(1): 95 -114.

[39] Ramanadhan, S., et al. Extra-team connections for knowledge transfer between staff teams[J]. *Health Education Research*, 2009, 24(6): 967 -976.

[40] Rutten, W., Blaas-Franken, J. & Martin, H. The impact of (low) trust on knowledge sharing[J]. *Journal of Knowledge Management*, 2016, 20(2): 199 -214.

[41] Uzzi, B. Social structure and competition in interfirm networks: the paradox of embeddedness[J]. *Administrative Science Quarterly*, 1997, 42(01): 35 -67.

[42] Elfring, T. & Hulsink, W. Networks in entrepreneurship: the case of

high-technology firms[J]. *Small Business Economics*, 2003, 21(4): 409 - 422.

[43] Helmsing, B. Externalities, learning and governance: new perspectives on local economic development[J]. *Development and Change*, 2001, 32(2): 277 - 308.

[44] Hansen, M. T. The search-transfer problem: the role of weak ties in sharing knowledge across organization subunits[J]. *Administrative Science Quarterly*, 1999, 44(1): 82 - 111.

[45] Tiwana, A. Do bridging ties complement strong ties? An empirical examination of alliance ambidexterity[J]. *Strategic Management Journal*, 2008, 29 (3): 251 - 272.

[46] Levin, D. Z., Walter, J. & Murnighan, J. K. Dormant ties: the value of reconnecting[J]. *Organization Science*, 2011, 22 (4): 923 - 939.

[47] Greenaway, K. H., et al. Shared identity is key to effective communication[J]. *Personality and Social Psychology Bulletin*, 2014, 41 (2): 171 - 182.

[48] Reagans, R. & McEvily, B. Network structure and knowledge transfer: the effects of cohesion and range[J]. *Administrative Science Quarterly*, 2003, 48 (2): 240 - 267.

[49] Hansen, M. T. Knowledge networks: explaining effective knowledge sharing in multiunit companies[J]. *Organization Science*, 2002, 13(3): 232 - 248.

[50] Tsai, M. T. & Tsal, L. L. An empirical study of the knowledge transfer methods used by clinical instructors [J]. *International Journal of Management*, 2005, 22 (2): 273 - 284.

[51] Kang, M. & Kim, B. Embedded resources and knowledge transfer among R & D employees[J]. *Journal of Knowledge Management*, 2013, 17(5): 709 - 723.

[52] Argote, L., Aven, B. & Kush, J. The effects of membership stability and communication networks on transactive memory systems and team performance: an experimental investigation [R]. Vancouver: *Academy of Management Meetings*, 2015.

[53] Leiponen, A. Skills and innovation[J]. *International Journal of Industrial Organization*, 2005, 23(5): 303-323.

[54] Puck, J., Rygl, D. & Kittler, M. Cultural antecedents and performance consequences of open communication and knowledge transfer in multicultural process-innovation teams[J]. *Journal of Organisational Transformation & Social Change*, 2007, 3(2): 223-241.

[55] Lucia, ó., et al. Educational opportunities based on the university-industry synergies in an open innovation framework[J]. *European Journal of Engineering Education*, 2012, 37(1): 15-28.

[56] Ulhøi, J., Neergaard, H. & Bjerregaard, T. Beyond unidirectional knowledge transfer: an empirical study of trust-based university-industry research and technology collaboration[J]. *The International Journal of Entrepreneurship & Innovation*, 2012, 13(4): 287-299.

[57] Agarwal, R., Gambardella, A. & Olson, D. M. Employee mobility and entrepreneurship: a virtual special issue[J]. *Strategic Management Journal*, 2016, 37(13): E11-E21.

[58] Fahrenkopf, E. & Argote, L. *Personnel Movement and the Development of Dynamic Capabilities: An Organizational Learning Perspective*[M]. New York: Oxford University Press, 2015.

[59] Najafi-Tavani, Z., et al. Building subsidiary local responsiveness: (When) does the directionality of intrafirm knowledge transfers matter? [J]. *Journal of World Business*, 2018, 53(4): 475-492.

[60] 王开明, 万君康. 论知识的转移与扩散[J]. 外国经济与管理, 2000(10): 2-7.

[61] 张睿, 于渤. 基于过程视角的技术联盟知识转移模式研究[J]. 科技管理研究, 2009(8): 116-119.

[62] 杨钢, 薛惠锋. 高校团队内知识转移的系统动力学建模与仿真[J]. 科学学与科学技术管理, 2009(6): 87-92.

[63] 杨斌, 王学东. 虚拟团队知识转移过程研究[J]. 图书情报工作, 2010, 54(2): 109-112.

[64] 左美云, 赵大丽, 刘雅丽. 知识转移机制的规范分析: 过程、方式和

治理[J]. 信息系统学报, 2010(2): 22-36.

[65] 陈伟, 杨佳宁, 康鑫. 企业技术创新过程中知识转移研究——基于信息论视角[J]. 情报杂志, 2011, 30(12): 120-124, 76.

[66] 高鹏, 安立仁. 隐性知识存在性表征及其传递过程模型[J]. 科研管理, 2015, 36(11): 131-138.

[67] 张海涛, 吴艳玲. 基于知识势能的高校科研团队内部的知识转移机理[J]. 图书情报工作, 2010, 54(20): 110-114.

[68] 毛道伟, 何静. 基于SECI模型的大学科研团队隐性知识转移机理分析[J]. 科技管理研究, 2010, 30(23): 173-176.

[69] 盛小平. 信息共享空间中的知识流与知识转移机制[J]. 图书情报工作, 2010, 54(2): 16-20.

[70] 疏礼兵. 企业研发团队内部技术知识转移的过程机理与途径研究[J]. 管理学报, 2012, 9(2): 219-224.

[71] 崔金栋, 徐宝祥, 王欣. 知识生态视角下产学研联盟中知识转移机理研究[J]. 情报理论与实践, 2013, 36(11): 36-40.

[72] 张红兵, 和金生. 仿生学视角下技术联盟组织间知识转移机理研究[J]. 中国科技论坛, 2014(1): 52-56.

[73] 王斌. 知识网络中知识转移路径演化机理的研究[J]. 图书馆理论与实践, 2014(9): 51-55.

[74] 袁红军. 合作式数字参考咨询服务知识转移生态学机制构建[J]. 情报科学, 2015, 33(1): 30-34.

[75] 黄莉. 生态产业集群内企业间知识转移机制研究[D]. 南昌: 江西财经大学博士学位论文, 2017.

[76] 黄微, 尹爽, 徐瑶, 等. 基于专利分析的竞争企业间知识转移模式研究[J]. 图书情报工作, 2011, 55(22): 78-82.

[77] 施陈彬, 李南, 林敏, 等. 知识释放能力影响知识转移效果的模拟研究[J]. 情报理论与实践, 2011, 34(1): 23-26.

[78] 徐升华, 杨同华, 邹家成. 生态产业集群内知识转移影响因素的分析[J]. 情报科学, 2014, 32(10): 124-129.

[79] 黄莉, 徐升华. 生态产业集群知识转移影响因素研究[J]. 图书馆学研究, 2015(13): 2-9.

[80] 卢新元,王艳梅,周茜. IT 外包服务中知识转移过程及影响因素分析[J]. 情报科学,2012,30(11):1734-1738.

[81] 杨建超,尹洁,吴洁. 高校科研创新团队内部知识转移影响因素研究——基于江苏省实证分析[J]. 情报杂志,2012,31(8):182-187.

[82] 刘京,周丹,陈兴. 大学科研人员参与产学知识转移的影响因素——基于我国行业特色型大学的实证研究[J]. 科学学研究,2018,36(2):279-287.

[83] 叶舒航,郭东强,葛虹. 转型企业外部知识转移影响因素研究——基于元分析方法[J]. 科学学研究,2014,32(6):909-918.

[84] 王向楠,张立明. 企业间知识转移的影响因素和作用结果[J]. 企业经济,2012,31(3):39-43.

[85] 肖小勇,文亚青. 组织间知识转移的主要影响因素[J]. 情报理论与实践,2005(4):355-358.

[86] 邹艳,王晓新,叶金福. 共建模式下企业合作创新知识转移影响因素的实证研究[J]. 科学学研究,2009,27(4):616-621.

[87] 陈鑫鑫. 基于互惠性偏好的异质性管理团队隐性知识转移研究[J]. 呼伦贝尔学院学报,2015,23(2):1-4.

[88] 徐国军,杨建君,孙庆刚. 联结强度、组织学习与知识转移效果[J]. 科研管理,2018,39(7):97-105.

[89] 吴洁,王建刚,张运华,等. 技术创新联盟中知识转移价值增值影响因素的实证研究[J]. 中国管理科学,2014,22(11):531-538.

[90] 王挺. 虚拟研发团队知识转移效能影响因素的 SEM 模型验证分析[J]. 图书情报工作,2011,55(20):72-76.

[91] 马庆国,徐青,廖振鹏,等. 知识转移的影响因素分析[J]. 北京理工大学学报(社会科学版),2006(1):40-43.

[92] 徐占忱,何明升. 知识转移障碍纾解与集群企业学习能力构成研究[J]. 情报科学,2005(5):659-663.

[93] 翟运开. 企业间合作创新的知识转移及其实现研究[J]. 工业技术经济,2007,26(3):43-46.

[94] 唐锦铨. 异质型联合创新团队成员互动行为研究[J]. 闽江学院学报,2014,35(4):35-41.

[95] 吴晓波,高忠仕,胡伊苹. 组织学习与知识转移效用的实证研究[J]. 科学学研究, 2009, 27(01): 101-110.

[96] 尹洁,李锋,吴洁. 大学生科研创新团队内部知识转移影响因素研究[J]. 科技管理研究, 2010, 30(15): 153-156.

[97] 赵红丹. 临时团队内粘滞知识转移的动力因素——基于扎根理论的探索性研究[J]. 科学学研究, 2014, 32(11): 1705-1712.

[98] 李梓涵昕,朱桂龙,吕凤雯,等. 知识接收方视角下社会资本对知识转移的影响研究[J]. 管理科学, 2015, 28(3): 52-62.

[99] 周密,赵文红,宋红媛. 基于知识特性的知识距离对知识转移影响研究[J]. 科学学研究, 2015, 33(7): 1059-1068.

[100] 邝宁华,胡奇英,杜荣. 强联系与跨部门复杂知识转移困难的克服[J]. 研究与发展管理, 2004, 16(2): 20-25.

[101] 马费成,王晓光. 知识转移的社会网络模型研究[J]. 江西社会科学, 2006(7): 38-44.

[102] 周密,司训练,赵文红. 团队内社会网络质量、工作竞争对团队成员知识转移的影响研究[J]. 南开管理评论, 2009, 12(6): 34-41.

[103] 周晓宏,郭文静. 基于社会网络的隐性知识转移研究[J]. 中国科技论坛, 2008(12): 88-90,103.

[104] 周密,赵西萍,司训练. 团队成员网络中心性、网络信任对知识转移成效的影响研究[J]. 科学学研究, 2009, 27(9): 1384-1392.

[105] 朱亚丽,徐青,吴旭辉. 网络密度对企业间知识转移效果的影响——以转移双方企业转移意愿为中介变量的实证研究[J]. 科学学研究, 2011, 29(03): 427-431.

[106] 张嵩,张旭. 基于社会网络的隐性知识转移机制实证研究——以IT行业为例[J]. 图书情报工作, 2010, 54(22): 102-106.

[107] 周智勇,宋国琴,谷峰. 虚拟学习社区中知识转移的社会网络分析[J]. 软件导刊, 2012, 11(2): 68-70.

[108] 徐敏,张卓,宋晨晨,等. 开放创新搜索、知识转移与创新绩效——基于无标度加权网络的仿真研究[J]. 科学学研究, 2017, 35(7): 1085-1094.

[109] 余光胜,毛荐其. 技术创新中默会知识转移问题研究[J]. 研究与发展管理, 2007, 19(2): 100-107.

[110] 万幼清,邓明然. 基于知识视角的产业集群协同创新绩效分析[J]. 科学学与科学技术管理,2007(4):88-91.

[111] 张光磊,刘善仕,申红艳. 组织结构、知识转移渠道与研发团队创新绩效——基于高新技术企业的实证研究[J]. 科学学研究,2011,29(8):1198-1206.

[112] 杨斌,熊万玲,游静. 基于知识转移的高校科研团队知识创新能力提升路径实证研究[J]. 情报理论与实践,2011,34(8):60-64.

[113] 杨洪涛,吴想. 产学协同创新知识转移影响因素实证研究[J]. 科技进步与对策,2012,29(14):117-121.

[114] 刘亭亭,吴洁,张宇洁. 产学研合作中高校知识创新能力提升的系统动力学研究——基于知识转移视角[J]. 情报杂志,2012,31(10):195-200.

[115] 王斌. 知识转移机制与创新绩效关系的实证研究[J]. 情报科学,2012,30(1):90-94.

[116] 雷宏振,刘海东. 网络嵌入性、粘滞知识转移与企业合作创新[J]. 经济与管理,2012,26(9):57-61.

[117] 程刚,李倩. 企业实施创新驱动发展战略的隐性知识转移模式研究[J]. 情报理论与实践,2014,37(3):101-105.

[118] 张红兵. 知识转移对联盟企业创新绩效的作用机理——以战略柔性为中介[J]. 科研管理,2015,36(7):1-9.

[119] 海本禄,张流洋,张古鹏. 基于环境动荡性的联盟知识转移与企业创新绩效关系研究[J]. 中国软科学,2017(11):157-164.

[120] 罗宾斯·S. P. & 库尔特·M. 管理学(第9版)[M]. 孙健敏,等译. 北京:中国人民大学出版社,2008.

[121] 卡曾巴赫·J. R. 团队的智慧:创建绩优组织(第三版),侯玲译.[M]. 北京:经济科学出版社,1999.

[122] 德鲁克·P. 未来的管理[M]. 李小刚,等译. 成都:四川人民出版社,2000.

[123] 赫尔雷格尔·D.,斯洛克姆·J. W. & 伍德曼·R. W. 组织行为学(第九版)[M]. 俞文钊,丁彪,等译. 上海:华东师范大学出版社,2001.

[124] 王青. 团队管理[M]. 北京:企业管理出版社,2004.

[125] 高虹,王济干. 基于内容分析法的创新团队内涵解析[J]. 科技管理研究,2014,34(10):87-94.

[126] 马恺,陈凤娟. 应用型本科学生的团队精神培养对策探索[J]. 产业与科技论,2015,14(20):246-247.

[127] 王雪. 团队管理的相关知识研究[J]. 品牌,2015(9):266.

[128] 陈劲. 研发项目管理[M]. 北京:机械工业出版社,2004.

[129] 曾晓萱,姚慧华. 高科技管理与人文[M]. 天津:天津科学技术出版社,2000.

[130] 吴冰,王重鸣. 知识和知识管理:一个文献综述[J]. 华东理工大学学报(社会科学版),2006(1):57-61.

[131] Alavi, M. & Leidner, D. Knowledge management and knowledge management systems: conceptual foundations and research issues[J]. Mis Quarterly, 2001, 25(1):107-136.

[132] Fouvault, M., Dreyfus, H. L. & Rabinow, P. Beyond Structuralism and Hermeneutics[M]. New York: The University of Chicago Press, 1982.

[133] Zack, M. H. Developing a knowledge strategy[J]. California Management Review, 1999, 41(3):125-145.

[134] Sehubert, P., Lincke, D. & Schmid, B. A global knowledge medium as a virtual community: the net academy concept[C]//AMCIS 1998 Proceedings. America: AIS Electronic Library, 1998:207.

[135] Darvenport, T. H. & Prusak, L. Working Knowledge: How Organizations Manage What They Know[M]. Boston: Harvard Business School Press, 1998:84-106.

[136] Nonaka, I. A dynamic theory of organizational knowledge creation[J]. Organization Science, 1994, 5(1):14-37.

[137] Kakabadse, N. K., Kouzmin, A. & Kakabadse, A. From tacit knowledge to knowledge management: leveraging invisible assets[J]. Knowledge and Process Management, 2001, 8(3):137-154.

[138] Gopalakrishnan, S. & Santoro, M. D. Distinguishing between knowledge transfer and technology transfer activities: the role of key organizational factors[J]. IEEE Transactions on Engineer Management, 2004, 51(1):57-69.

[139] Bierly, P. E., Damanpour, F. & Santoro, M. D. Application of external knowledge: organizational conditions for exploration and exploitation[J]. *Journal of Management Studies*, 2009, 46(3): 481-509.

[140] Singley, M. K. & Anderson, J. R. *The Transfer of Cognitive Skill*[M]. Cambridge: Harvard University Press, 1989.

[141] Kumar, A. & Ganesh, L. S. Inter-individual knowledge transfer and performance in product development[J]. *The Learning Organization*, 2011, 18(3): 224-238.

[142] Disterer, G. Individual and social barriers to knowledge transfer[C]// Proceedings of the 34th Annual Hawaii International Conference on System Sciences. Hawaii: IEEE, 2001: 7.

[143] Montgomery, C. *Resource-Based and Evolutionary Theories of the Firm: Towards a Synthesis*[M]. Boston: Kluwer, 1995.

[144] Liao, S. H. & Hu, T. C. Knowledge transfer and competitive advantage on environmental uncertainty: an empirical study of the Taiwan semiconductor industry[J]. *Technovation*, 2007, 27(6-7): 402-411.

[145] Bapuji, H. & Crossan, M. From questions to answers: reviewing organizational learning research[J]. *Management Learning*, 2004, 35(4): 397-417.

[146] van Wijk, R., Jansen, J. J. P. & Lyles, M. A. Inter- and intra-organizational knowledge transfer: a meta-analytic review and assessment of its antecedents and consequences[J]. *Journal of Management Studies*, 2008, 45(4): 830-853.

[147] Lant, T. K. & Argote, L. Organizational learning: creating, retaining and transferring knowledge[J]. *Administrative Science Quarterly*, 2000, 45(3): 622-625.

[148] 许晖, 王琳, 张阳. 国际新创企业创业知识溢出及知识整合机制研究——基于天士力国际公司海外员工成长及企业国际化案例[J]. 管理世界, 2015(6): 141-153,188.

[149] 左美云. 知识转移与企业信息化[M]. 北京:科学出版社, 2006.

[150] 左亮亮, 郭春侠, 吴昌合. 近十年国内知识转移研究的文献计量实

证分析[J]. 情报科学, 2010, 28(6): 817 - 820.

[151] 尤天慧, 李飞飞. 组织知识转移能力评价方法及提升策略[J]. 科技进步与对策, 2010, 27(14): 121 - 124.

[152] 王旭红. 情境认知理论及其在教学中的应用[J]. 当代教育论坛(学科教育研究), 2008(10): 9 - 11.

[153] 李靖华, 常晓然. 基于元分析的知识转移影响因素研究[J]. 科学学研究, 2013, 31(3): 394 - 406.

[154] 张莉, 和金生. 知识距离与组织内知识转移效率[J]. 现代管理科学, 2009(3): 43 - 44.

[155] 殷斌, 郭东强. 企业转型知识转移特性研究及流程设计[J]. 科技管理研究, 2012, 32(10): 164 - 168.

[156] Hardwick, J., Anderson, A. R. & Cruickshank, D. Trust formation processes in innovative collaborations: networking as knowledge building practices [J]. *European Journal of Innovation Management*, 2013, 16(1): 4 - 21.

[157] Hackman, J. R. & Morris, C. G. Group tasks, group interaction process, and group performance effectiveness: a review and propose dintegration [C]//*Advances in Experimental Social Psychology*. San Diego: Academic Press, 1975.

[158] Jewell, N. & Reitz, J. *Group Effectiveness in Organizations* [M]. Illinois: Foresman and Company, 1981.

[159] Cohen, S. G. & Bailey, D. E. What makes teams work: group effectiveness research from the shop floor to the executive suite[J]. *Journal of Management*, 1997, 23(3): 239 - 290.

[160] Pascual, R. G., et al. An investigation of alternative command planning processes[EB/OL]. [2011]. DERA/KIS/SEB/WP010248.

[161] Karlenzig, W. Tap into the power of knowledge collaboration[EB/OL]. [2015]. http://www.thefreelibrary.com.

[162] Anklam, P. Knowledge management: the collaboration thread[J]. *Bulletin of the American Society for Information Science and Technology*, 2005, 28(6): 8 - 11.

[163] van Leijen, H. & Baets, W. R. J. A cognitive framework for

reengineering knowledge-intensive processes[C]//*Proceedings of the 36th Hawaii International Conference on System Sciences*. Hawaii:IEEE, 2003: 10.

[164] 佟泽华. 知识协同及其与相关概念的关系探讨[J]. 图书情报工作, 2012, 56(8): 107-112.

[165] 徐少同. 科技体制改革背景下的科研管理知识协同框架研究[J]. 情报科学, 2015, 33(1): 25-29.

[166] 章颖华, 祝锡永. 基于维基的过程导向知识协同方法研究[J]. 情报理论与实践, 2014, 37(5): 51-56.

[167] 陈建斌, 郭彦丽, 徐凯波. 基于资本增值的知识协同效益评价研究[J]. 科学学与科学技术管理, 2014, 35(5): 35-43.

[168] 切斯特·巴纳德. 经理人员的职能[M]. 北京:中国社会科学出版社, 1999.

[169] 肖冬平, 梁臣. 社会网络研究的理论模式综述[J]. 广西社会科学, 2003(12): 166-168.

[170] 史定华. 网络——探索复杂性的新途径[J]. 系统工程学报, 2005, 20(2): 115-210.

[171] 陈禹, 方美琪. 人类对于复杂网络的认识——系统科学的一个重要视角[J]. 系统工程学报, 2005, 20(2): 113-114.

[172] Watts, D. & Strogatz, S. Collective dynamics of "small-world" network[J]. *Nature*, 1998, 393(6):440-442.

[173] Polanyi, M. *The Tacit Dimension*[M]. Illinois:University of Chicago Press, 1966.

[174] Zander, U. & Kogut, B. Knowledge and the speed of the transfer and imitation of organizational capabilities: an empirical test[J]. *Organization Science*, 1995, 6(1): 76-92.

[175] Coombs, R., et al. *Technological Collaboration: The Dynamics of Cooperation and Industrial Innovation*[M]. USA:Edward Elgar, 1996.

[176] Grant, R. M. Prospering in dynamically-competitive environments: organizational capability as knowledge integration[J]. *Organization Science*, 1996, 7(4): 375-387.

[177] 张宝生, 王晓红. 虚拟科技创新团队知识转移稳定性研究——基于

演化博弈视角[J]. 运筹与管理, 2011, 20(5): 169-175.

[178] 朱雪春, 陈万明. 实践社群知识流动的可持续性研究——基于进化博弈的视角[J]. 北京理工大学学报, 2015, 17(5): 56-62.

[179] Kahneman, D. & Tversky, A. Prospect theory: an anlysis of decision under risk[J]. *Econometrica*, 1979, 47: 263-292.

[180] Harris, A. J. L. & Ulrike, H. Unrealistic optimism about future life events: a cautionary note[J]. *Psychological Review*, 2011, 118(1): 135-154.

[181] 赵泽斌, 满庆鹏. 基于前景理论的重大基础设施工程风险管理行为演化博弈分析[J]. 系统管理学报, 2018, 27(1): 109-117.

[182] 谢识予. 有限理性条件下的进化博弈理论[J]. 上海财经大学学报, 2001, 3(5): 3-9.

[183] 孙庆文, 严广乐, 车宏安. 经济均衡稳定性分析及应用[J]. 上海理工大学学报, 1998, 20(增刊): 55-58.

[184] 汪丁丁. 在经济学与哲学之间[M]. 北京: 中国社会科学出版社, 1996.

[185] Adler, P. S. & Kwon, S. W. Social capital: prospects for a new concept[J]. *Academy of Management Review*, 2002, 27(1): 17-40.

[186] Oh, H., Labianca, G. & Chung, M. H. A multilevel model of group social capital[J]. *Academy of Management Journal*, 2006, 31(3): 569-582.

[187] 李金霞. 创业团队社会网络、共享心智模式与创业绩效的关系研究[D]. 秦皇岛: 燕山大学, 2020.

[188] Torenvlied, R. & Velner, G. Informal networks and resistance to organizational change: the introduction of quality standards in a transport company[J]. *Computational & Mathematical Organization Theory*, 1998, 4(2): 165-188.

[189] Sparrowe, R. T., et al. Social networks and the performance of individuals and groups[J]. *Academy of Management Journal*, 2001, 44(2): 316-325.

[190] 罗家德. 社会网络分析讲义[M]. 北京: 社会科学文献出版社, 2005.

[191] 彭伟, 金丹丹, 朱晴雯. 团队社会网络研究述评与展望[J]. 中国人力资源开发, 2017(03): 57-68.

[192] Luo, J. D. Particularistic trust and general trust: a network analysis in Chinese organizations[J]. *Management and Organizational Review*, 2005, 1(3): 437–458.

[193] 刘军. 法村社会支持网络——一个整体研究的视角[M]. 北京: 社会科学文献出版社, 2006.

[194] Lusher, D., et al. *Exponential Random Graph Models for Social Networks: Theory, Methods, and Applications*[M]. Cambridge: Cambridge University Press, 2013.

[195] 刘军. 整体网分析: UCINET 软件实用指南[M]. 2版. 上海: 上海人民出版社, 2014.

[196] Hernandez, A. G., Reyes, D. L. & Lopez, E. Analysis of the relationship between the properties of the social network of R&D groups and their scientific performance[J]. *Institute of Innovation and Knowledge Management*, 2008: 1–19.

[197] 徐伟青, 檀小兵, 奉小斌, 等. 国外团队社会网络研究回顾与展望: 基于知识转移视角[J]. 外国经济与管理, 2011, 33(11): 29–38.

[198] Burt, R. S. *Structural Holes: The Social Structure of Competition*[M]. Massachusetts: Harvard University Press, 1992.

[199] 汪丹. 结构洞算法的比较与测评[J], 现代情报, 2008, 9: 153–256.

[200] Balkundi, P., Barsness, Z. & Michael, J. H. Unlocking the influence of leadership network structure on team[J]. *Small Group Research*, 2009, 40(3): 301–322.

[201] 徐建中, 朱晓亚. 社会网络嵌入情境下R&D团队内部知识转移影响机理——基于制造企业的实证研究[J]. 系统管理学报, 2018, 27(03): 422–432, 451.

[202] Mehra, A., et al. The social network ties of group leaders: implications for group performance and leader reputation[J]. *Organization Science*, 2006, 17(1): 64–79.

[203] Granovetter, M. S. Economic action and social structure: the problem of embeddedness[J]. *American Journal of Sociology*, 1985, 91(3): 481–510.

[204] Szulanski, G. Exploring internal stickiness: impediments to the transfer of practice within the firm[J]. *Strategic Management Journal*, 1999, 17(S2): 27-43.

[205] 谭大鹏, 霍国庆, 王能元, 等. 知识转移及其相关概念辨析[J]. 图书情报工作, 2005, 49(2): 7-10.

[206] Cowan, R., Jonard, N. & Özman, M. Knowledge dynamics in an network industry[J]. *Technological Forecasting and Social Change*, 2004, 71(5): 469-484.

[207] Cowan, R. & Jonard, N. Network structure and the diffusion of knowledge[J]. *Journal of Economic Dynamics and Control*, 2004, 28(8): 1557-1575.

[208] Moreno, J. *Who Shall Survive?: A New Approach to the Problem of Human Interrelation*[M]. London: Forgotten Books, 2018.

[209] Cross, R., Borgatti, S. P. & Parker, A. Beyond answers: dimensions of the advice network[J]. *Social Networks*, 2001, 23(3): 215-235.

[210] 刘军. 社会网络模型研究论析[J]. 社会学研究, 2004(1): 1-12.

[211] 姚小涛, 席酉民. 社会网络理论及其在企业研究中的应用[J]. 西安交通大学学报(社科版), 2003, 23(3): 22-27.

[212] Maslov, S. & Sneppen, K. Specificity and stability in topology of protein networks[J]. *Science*, 2002, 296(5569): 910-913.

[213] Righi, S. & Carletti, T. The influence of social network topology in an opinion dynamics model[C]//European Conference on Complex Systems. GBR, 2009: 1-13.

[214] 黄玮强, 姚爽, 庄新田. 基于复杂社会网络的创新扩散多智能体仿真研究[J]. 科学学研究, 2013, 31(2): 310-320.

[215] Jablin, F. M. & Putnam, L. L. *The New Handbook of Organizational Communication*[M]. USA: SAGE Publications inc, 2000.

[216] 王先甲, 全吉, 刘伟兵. 有限理性下的演化博弈与合作机制研究[J]. 系统工程理论与实践, 2011, 31(1): 82-93.

[217] 荣智海. 复杂网络上的演化博弈与机制设计研究[D]. 上海: 上海交通大学, 2008.

[218] Small, M., Judd, K. & Zhang, L. How is that complex network complex? [C]//Proceedings of 2014 IEEE International Symposium on Circuits. IEEE, 2014: 1263-1266.

[219] Abrarnson, G. & Kuperman, M. Social games in a social network[J]. Physical Review E, 2001, 63(3):1-4.

[220] Masuda, N. & Aibara, K. Spatial prisoner's dilemma optimally played in small-world network[J]. Physics Letters A, 2003, 313(1/2): 55-61.

[221] Hauert, C. & Doebeli, M. Spatial structure often inhibits the evolution of cooperation in the snowdrift game[J]. Nature, 2004, 428(6983): 643-646.

[222] Santos, F. C. & Pacheco, J. M. Scale-free networks provide a unifying framework for the emergence of cooperation[J]. Physical Review Letters, 2005, 95(9): 1-4.

[223] Santos, F. C., Pacheco, J. M. & Lenaerts, T. Evolutionary dynamics of social dilemmas in structural heterogeneous populations [J]. Proceedings of the National Academy of Sciences of the United States of America, 2006, 103(9): 3490-3494.

[224] Perc, M. & Szolnoki, A. Social diversity and promotion of cooperation in the spatial prisoner's dilemma games[J]. Physical Review E, 2008, 77(1): 1-5.

[225] Devlin, S. & Treloar, T. Cooperation in an evolutionary prisoner's dilemma on networks with degree-degree correlations[J]. Physical Review E, 2009, 80(2): 1-8.

[226] Devlin, S. & Treloar, T. Evolution of cooperation through the heterogeneity of random networks[J]. Physical Review E, 2009, 79(1): 1-8.

[227] Roca, C. P., Cuesta, J. A. & Sanchaz, A. Effect of spatial structure on the evolution of cooperation [J]. Physical Review E, 2009, 80(4): 1-21.

[228] Assenza, S., Gomez-Gardenes, J. & Latora, V. Enhancement of cooperation in highly clustered scale-free networks[J]. Physical Review E, 2008, 78(1): 1-5.

[229] Lieberman, E., Hauert, C. & Nowak, M. A. Evolutionary dynamics on graphs[J]. Nature, 2005, 433(7023): 312-316.

[230] Ohtsuki, H., et al. A simple rule for the evolution of cooperation on graphs and social networks[J]. *Nature*, 2006, 441(7092): 502-505.

[231] Cummings, J. L. & Teng, B. S. Transferring R&D knowledge: the key factors affecting knowledge transfer success[J]. *Journal of Engineering and Technology Management*, 2003, 20(1-2): 39-68.

[232] 朱亚丽. 基于社会网络视角的企业间知识转移影响因素实证研究[D]. 杭州: 浙江大学, 2009.

[233] Pinto, J. K. & Mantel, S. J. The causes of project failure[J]. *IEEE Transactions on Engineering Management*, 1990, 37(4): 269-276.

[234] 彭伟, 周晗鹭, 符正平. 团队内部社会网络对团队创新绩效的影响机制——以企业R&D团队为样本的实证研究[J]. 科研管理, 2013, 34(12): 135-142.

[235] Hansen, M. T., Mors, M. L. & Lovas, B. Knowledge sharing in organizations: multiple networks, multiple phases[J]. *Academy of Management Journal*, 2005, 48(5): 776-793.

[236] Mayo, M. & Pastor, J. C. Networks and effectiveness in work teams: the impact of diversity[J]. *Instituto de Empresa Business School Working Paper*, 2005: 5-10.

[237] Balkundi, P. & Harrison, D. A. Ties, leaders, and time in teams: strong inference about network structure effects on team viability and performance[J]. *Academy of Management Journal*, 2006, 49(1): 49-68.

[238] Perry-Smith, J. E. Social yet creative: the role of social relationships in faciliating individual creativity[J]. *Academy of Management Journal*, 2006, 49(1): 85-101.

[239] Reagans, R. & Zuckerman, E. W. Networks, diversity, and productivity: the social capital of corporate R&D teams[J]. *Organizational Science*, 2001, 12(4): 502-517.

[240] Sparrowe, R. T., et al. Social networks and the performance of individuals and groups[J]. *Academy of Management Journal*, 2001, 44(2): 316-325.

[241] García-Hernández, A. & Reyes-López, E. Analysis of the relationship

between the properties of the social networks of R&D groups and their scientific performance[J]. *Institute of Innovation and Knowledge Management*, 2008: 1 – 19.

[242] Burt, R. S. The network structure of social capital[J]. *Research in Organizational Behavior*, 2000, 22(1): 345 – 423.

[243] 赖海联. 网络密度与中心性对团队创新绩效影响研究[D]. 武汉: 华中科技大学, 2011.

[244] Baldwin, T. T., Bedell, M. D. & Johnson, J. L. The social fabric of a team-based MBA program: network effects on student satisfaction and performance [J]. *Academy of Management Journal*, 1997, 40(6), 1369 – 1397.

[245] Zander, U. & Kogout, B. Knowledge and the speed of the transfer and imitation of organizational capabilities: an empirical test[J]. *Organization Science*, 1995, 6(1): 76 – 92.

[246] Ibarra, H. Personal networks of women and minorities in management: a conceptual framework[J]. *Academy of Management Review*, 1993, 18(1): 56 – 87.

[247] 周密, 赵文红, 姚小涛. 社会关系视角下的知识转移理论研究评述及展望[J]. 科研管理, 2007(5): 78 – 85.

[248] Powell, W. W. Neither market nor hierarchy: network forms of organization[J]. *Research in Organizational Behavior*, 1990, 12: 295 – 336.

[249] Krackhardt, D. The strength of strong ties: the importance of philos in organizations[J]. *Scientific Research*, 1992: 216 – 239.

[250] Baker, W. E., Faulkner, R. R. & Fisher, G. A. Hazards of the market: the continuity and dissolution of interorganizational market relationships[J]. *American Sociological Review*, 1998, 63: 147 – 177.

[251] Oh, H., Chung, M. H. & Labianca, G. Group social capital and group effectiveness: the role of informal socializing ties[J]. *Academy of Management Journal*, 2004, 47(6): 860 – 875.

[252] Balkundi, P., Kilduff, M. & Michael, B. Demographic antecedents and performance consequences of structural holes in work teams[J]. *Journal of Organizational Behavior*, 2010, 28(2): 241 – 260.

[253] Cross, R., et al. Knowing what we know: supporting knowledge creation

and sharing in social networks[J]. *Organizational Dynamics*, 2001, 30(2): 100 – 120.

[254] Coleman, J. S. *Foundations of Social Theory*[M]. Cambridge: Harvard University Press, 1990.

[255] Shah, P. Network destruction: the structural implications of downsizing[J]. *Academy of Management Journal*, 2000, 43(1): 101 – 112.

[256] 李靖华, 常晓然. 基于元分析的知识转移影响因素研究[J]. 科学学研究, 2013, 31(3): 394 – 406.

[257] McEvily, B., Perrone, V. & Zaheer, A. Trust as an organizing principle[J]. *Organization Science*, 2003, 14(1): 91 – 103.

[258] Granovetter, M. The strength of weak ties[J]. *American Journal of Sociology*, 1973, 78: 1360 – 1380.

[259] Uzzi, B. The sources and consequences of embeddedness for the economic performance of organizations: the network effect[J]. *American Sociological Review*, 1996, 61(4): 674 – 698.

[260] Hansen, M. The research transfer problem: the role of weak ties in sharing knowledge across organization[J]. *Administrative Science Quarterly*, 1999, 44(1): 82 – 111.

[261] Brass, D. J. & Burkhardt, M. E. Potential power and power use: an investigation of structure and behavior[J]. *Academy of Management Journal*, 1993, 36(3): 441 – 470.

[262] Knoke, D. & Kuklinski, J. H. *Network Analysis*[M]. California: Sage, 1982.

[263] Balkundi, P. Ties and Teams: A Social Network Approach to Team Leadership[D]. Pennsylvania: Pennsylvania State University, 2004.

[264] 谢洪涛. 变革型领导对科研团队创新绩效的影响——基于团队社会资本的调节作用[J]. 技术经济, 2013, 32(07): 24 – 28, 41.

[265] 杨宜音. "自己人": 信任建构过程的个案研究[J]. 社会学研究, 1999(2): 38 – 52.

[266] 刘春艳. 产学研协同创新团队内部知识转移影响机理研究[D]. 吉林: 吉林大学, 2016.

[267] 彭正龙,陶然. 基于认知能力的项目团队内部知识特性对知识转移影响机制研究[J]. 情报杂志,2008(9):45-49.

[268] 苏卉. 知识特性对知识转移效率影响效应的结构分析[J]. 图书情报工作,2009,53(4):101-105.

[269] 胡昌平,周知. 网络社区中知识转移影响因素分析[J]. 图书馆学研究,2014(23):24-30.

[270] Pisano, G. Knowledge integration and the locus of learning: an empirical analysis of process development[J]. *Strategic Management Journal*, 1994, 15(3):85-100.

[271] Argote, L. & Ingram, P. Knowledge transfer: a basis for competitive advantage in firms[J]. *Organizational Behavior and Human Decision Processes*, 2000, 82(1):150-169.

[272] Zander, U. & Kogout, B. Knowledge and the speed of the transfer and imitation of organizational capabilities: an empirical test[J]. *Organization Science*, 1995, 6(1):76-92.

[273] Pak, Y. S. & Park, Y. R. A framework of knowledge transfer in cross-border joint ventures: an empirical test of the Korean context[J]. *Management International Review*, 2004, 44(4):417-434.

[274] 朱亚丽,孙元,狄瑞波. 网络特性、知识缄默性对企业间知识转移效果的影响:基于网络特性调节效应的实证分析[J]. 科研管理,2012,33(9):107-115.

[275] 刘伟,邸支艳. 关系质量、知识缄默性与IT外包知识转移:基于接包方视角的实证研究[J]. 科学学研究,2016,34(12):1865-1874.

[276] 周密,刘倩,梁安. 组织内成员间知识共享的影响因素研究[J]. 管理学报,2013,10(10):1545-1552.

[277] 魏道江,李慧民,康承业. 基于解释结构模型的知识共享影响因素分析[J]. 情报科学,2015,33(7):92-97.

[278] 张秋英. 实习护生成就动机与临床沟通能力的关系[J]. 护理实践与研究,2013,10(11):144-145.

[279] 冯长利,韩玉彦. 供应链视角下共享意愿沟通与知识共享效果关系的实证研究[J]. 软科学,2012,26(4):48-53.

[280] Martin, X. & Salomon, R. Knowledge transfer capacity and its implications for the theory of the multinational corporation[J]. *Journal of International Businesses Studies*, 2003, 34(4): 356-373.

[281] Hakanson, L. & Nobel, R. Organizational characteristics and reverse technology transfer[J]. *Management International Review*, 2001, 41(4): 395-420.

[282] 丁丽鸽. 知识转移的理论基础初探[J]. 图书馆学研究, 2010(3): 5-7.

[283] Grant, R. M. Toward a knowledge-based theory of the firm[J]. *Strategic Management Journal*, 1996, 17(S2): 109-122.

[284] Granovetter, M. S. Problem of explanation in economic sociology[J]. *Network & Organizations Structure Form Action*, 1992: 25-56.

[285] Uzzi, B. Social structure and competition in interfirm network: the paradox of embeddedness[J]. *Administrative Science Quarterly*, 1997, 42(1): 35-67.

[286] Coleman, J. S. *Foundations of Social Theory*. [M]. Cambridge: Harvard University Press, 1990.

[287] Skvoretz, J., Farara, T. J. & Agneessents, F. Advanced in biased net theory: definitions, derivations, and estimations[J]. *Social Network*, 2004, 26(2): 113-139.

[288] Zahra, S. A. & George, G. Absorptive capacity: a review, reconceptualization, and extension[J]. *Academy of Management Review*, 2002, 27(2): 185-203.

[289] Krackhardt, D. Assessing the political landscape: structure, cognition, and power in organization[J]. *Administrative Science Quarterly*, 1990, 35(2): 342-369.

[290] McEvily, B., Perrone, V. & Zaheer, A. Trust as an organizing principle[J]. *Organization Science*, 2003, 14(1): 91-103.

[291] 王三义, 刘新梅, 万威武. 社会资本关系维度对知识转移的影响路径研究[J]. 科技进步与对策, 2007, 24(9): 84-87.

[292] Granovetter, M. S. The strength of weak ties[J]. *American Journal of*

Sociology, 1973, 78(6): 1360-1380.

[293] Kraatz, M. S. Learning by association? Interorganizational networks and adaptation to environmental change[J]. *Academy of Management Journal*, 1998, 41(6): 612-643.

[294] Levin, D. Z. & Cross, R. The strength of weak ties you can trust: the mediating role of trust in effective knowledge transfer[J]. *Management Science*, 2004, 50(11): 1477-1490.

[295] Bekkers, R., Duysters, G. & Verspagen, B. Intellectual property rights, strategic technology agreements and market structure[J]. *Research Policy*, 2002, 31(7): 1141-1161.

[296] 许小虎, 项保华. 社会网络中的企业知识吸收能力分析[J]. 经济问题探索, 2005(10): 18-22.

[297] Uzzi, B. & Lancaster, R. Relational embeddedness and learning: the case of bank loan managers and their clients[J]. *Management Science*, 2003, 49(4): 383-399.

[298] Chiu, C. M., Hsu, M. H. & Wang, E. T. G. Understanding knowledge sharing in virtual communities: an integration of social capital and social cognitive theories[J]. *Decision Support Systems*, 2006, 42(3): 1872-1888.

[299] Al-Alawi, A. I., Al-Marzooqi, N. Y. & Mohammed, Y. F. Organizational culture and knowledge sharing: critical success factors[J]. *Journal of Knowledge Management*, 2007, 11(2): 22-42.

[300] 徐小英. 校企合作教育对技能型人才创造力的影响研究——知识分享的中介作用[D]. 武汉: 武汉大学, 2011.

[301] Cohen, W. M. & Levinthal, D. A. Absorptive capacity: a new perspective on learning and innovation[J]. *Administrative Science Quarterly*, 1990, 35(1): 128-152.

[302] Todorova, G. & Durisin, B. Absorptive capacity: valuing a reconceptualization[J]. *Academy of Management Review*, 2007, 32(3): 774-786.

[303] Park, B. I. Knowledge transfer capacity of multinational enterprises and technology acquisition in international joint ventures[J]. *International Business Review*, 2011, 20(1): 75-87.

[304] Camisón, C. & Forés, B. Knowledge absorptive capacity: new insights for its conceptualization and measurement[J]. *Journal of Business Research*, 2010, 63(7): 707-715.

[305] Flatten, T. C., et al. A measure of absorptive capacity: scale development and validation[J]. *European Management Journal*, 2011, 29(2): 98-116.

[306] Simonin, B. L. An empirical investigation of the process of knowledge transfer in international strategic alliances[J]. *Journal of International Business Studies*, 2004, 35(5): 407-427.

[307] Kostova, T. Transnational transfer of strategic organizational practices: a contextual perspective[J]. *Academy of Management Review*, 1999, 24(2): 308-324.

[308] 冯长利. 供应链知识共享影响因素研究[D]. 大连：大连理工大学, 2010.

[309] 任丽丽. 中外合资企业知识转移:影响因素及效能结果研究[D]. 成都：西南财经大学, 2011.

[310] 陈劲, 蒋子军, 陈钰芬. 开放式创新视角下企业知识吸收能力影响因素研究[J]. 浙江大学学报(人文社会科学版), 2011, 41(5): 71-82.

[311] Dixon, N. M. *Common Knowledge: How Companies Thrive by Sharing What They Know*[M]. Boston: Harvard Business School Press, 2000.

[312] 朱亚丽. 基于社会网络视角的企业间知识转移影响因素实证研究[D]. 杭州：浙江大学, 2009.

[313] 任旭, 刘佳. 魅力型领导对项目团队内知识转移影响研究[J]. 科研管理, 2021, 42(6): 150-158.

[314] Podsakoff, P. M., et al. Common method biases in behavioral research: A critical review of the literature and recommended remedies[J]. *Journal of Applied Psychology*, 2003, 88(5): 879-903.

[315] 丁政, 张光宇. 沟通文化——企业之魂[J]. 企业经济, 2005(12): 44-46.

[316] 杨栩, 肖蘅, 廖姗. 知识转移渠道对知识转移的作用机制——知识粘性前因的中介作用和治理机制的调节作用[J]. 管理评论, 2014, 26(9): 89-99.